德勤新视界

2018年（总第七辑）

智慧城市进阶

德勤中国 编

Making an Impact that Matters

大胆求新 · 深远影响 · 卓越领导

上海交通大學出版社
SHANGHAI JIAO TONG UNIVERSITY PRESS

内容提要

本书以智慧城市进阶为主题，分析了智慧城市建设、平台经济、共享出行、新零售、大健康和能源改革等领域的最新趋势及领先理念。具体内容有：放下诸多宏观目标去杠杆、创新引领未来——赛默飞访谈、中国共享出行的未来、便利店的下一站、平台经济新治理、油气体制改革破冰、智慧城市进阶——更聪明的人和治理、让城市更智慧——如何利用市民的集体智慧做出最佳决策，等等。

本文适合对宏观经济、行业趋势、企业管理等话题感兴趣的商界人士以及相关领域的管理层阅读和参考。

图书在版编目（CIP）数据

智慧城市进阶：更聪明的人和治理 / 德勤中国编 .—上海：上海交通大学出版社，2018
（德勤新视界）
ISBN 978-7-313-18612-6

Ⅰ . ①智… Ⅱ . ①德… Ⅲ . ①现代化城市 – 城市建设 – 研究 – 中国 Ⅳ . ① F299.2

中国版本图书馆 CIP 数据核字（2017）第 316441 号

智慧城市进阶：更聪明的人和治理

编　　者：德勤中国
出版发行：上海交通大学出版社　　地　　址：上海市番禺路 951 号
邮政编码：200030　　电　　话：021-64071208
出 版 人：谈毅
印　　制：上海景条印刷有限公司　　经　　销：全国新华书店
开　　本：787mm × 1092mm 1/16　　印　　张：5
字　　数：105 千字
版　　次：2018 年 1 月第 1 版　　印　　次：2018 年 1 月第 1 次印刷
书　　号：ISBN 978-7-313-18612-6/F
定　　价：80.00 元

前言

随着物联网、人工智能、云计算和大数据对于各行各业及人居生活的渗透，智慧城市的内涵和外延都在不断演化和发展。据统计，全球现在有 1000 个智慧城市在建或启动建设，中国在其中占据了一半的份额，是全球最大的智慧城市在建国家。中国的城市化进程、独特的信息技术环境和决策机制为智慧城市的发展营造了巨大的想象空间。

本辑《德勤新视界》的封面故事《智慧城市进阶——更聪明的人和治理》特别揭示了中国智慧城市规划和建设的七大痛点，并提出了应对思路。其中包括如何避免智慧城市成为大规模的复制品，同质化发展将导致恶性资源竞争；如何避免智慧城市成为数据孤岛，由此降低而非提升治理的效率等。为了进一步阐释智慧城市建设的核心问题，本辑中的《让城市更智慧——如何利用市民的集体智慧做出最佳决策》从全球智慧城市建设的经验和视角探讨如何利用市民的集体智慧做出最佳决策，借鉴今年大热的行为经济学的方法论，主张通过顶层设计来助推城市的主体——人，做出最优公共决策和环境选择。

作为智慧城市的重要组成部分，智慧出行备受关注。共享出行将在中国未来出行模式中扮演怎样的角色？将如何影响和改变中国汽车行业的价值分配？中国不同层级的城市将面临怎样的出行模式分化？这些问题我们将在《中国共享出行的未来》中进行分析。“共享”的理念在智慧城市建设中举足轻重，互联网共享平台将城市人居功能从垂直层面划分得更加专业和高效，同时又通过大数据将不同功能模块串联打通，给平台治理提出了新的挑战。《平台经济新治理》提出了目前互联网平台治理的关键问题和挑战，从税收、行业垄断和消费者权益保护等方面提出治理的新思路。

同时，本辑还关注了最近被广泛讨论的重要行业趋势，《便利店的下一站》《创新引领未来——对话赛默飞》和《油气体制改革破冰》覆盖了新零售、大健康和能源改革等热点议题，旨在打破惯性思维，为读者揭示行业变化背后的商业逻辑。

祝您开卷愉快！

曾顺福
德勤中国首席执行官

萧耀熙
德勤中国副首席执行官

德勤新视界

2018 年（总第七辑）　目 录

未来便利店

信贷扩张是在短期内推动经济增长的最有效手段，因此在一个相对较高的 GDP 增速目标下，政府难免有为了保增长而打开流动性水龙头的冲动——虽然这是市场最不愿意看到的，但即使是小概率事件也不容忽视。

放下诸多宏观目标去杠杆

文/ 许思涛

当前，中国正紧锣密鼓地推进去杠杆工作，例如，ICO（首次代币发行）业务和网络小贷牌照批设在 2017 年下半年先后被监管层叫停。由于保持金融稳定是当期的重中之重，以及金融行业利润远超其他行业（部分国内最成功的企业甚至都抱怨实体经济是在给金融业打工）（见图 1），金融部门在这一轮去杠杆进程中首当其冲。

在金融去杠杆和打击监管套利的背景下，银行不得不控制表外业务，进而引起利率抬升（见图 2）。2017 年夏，已有部分主要城市的银行将首套房贷利率最高上调至基准利率的 1.15 倍；11 月下旬，十年期国债收益率出现了升破 4% 的局面。利率上涨一方面折射出金融系统存在压力，另一方面体现了市场认为 2018 年美联储进一步紧缩概率极高，这势必将给投资活动带来负面影响。

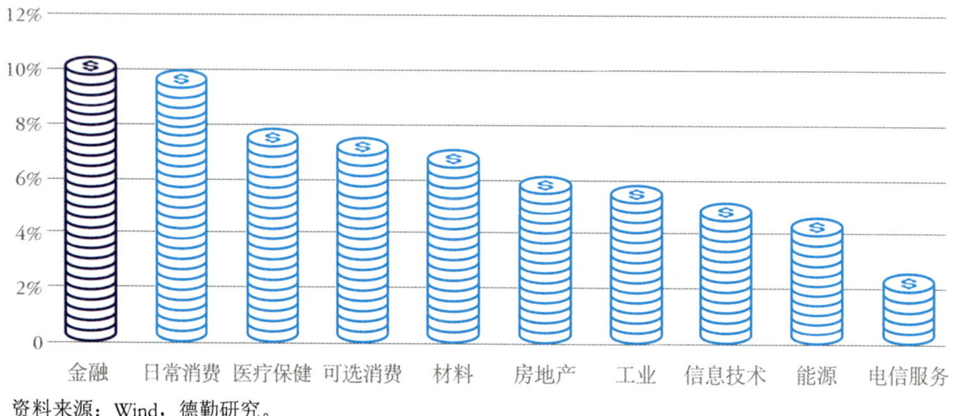

资料来源：Wind，德勤研究。

图2 房贷逐步收紧

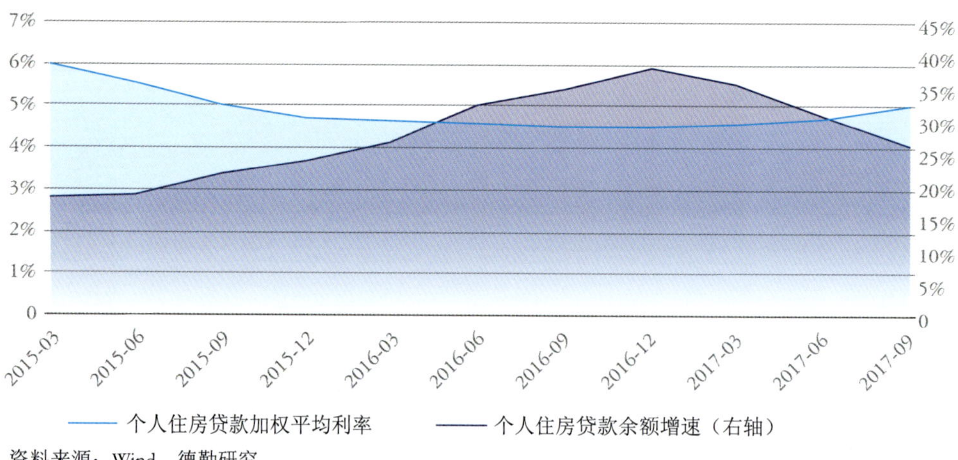

资料来源：Wind，德勤研究。

2017 年 5 月以来，M2 增速持续低于 10%，控制信贷增速在一定程度上反映了政策制定者去杠杆的决心，而只要经济增长能稳定，这一决心就不会改变。如果不发生地缘政治风险和贸易保护主义等外部冲击，我们预计政府将继续温和地化解泡沫。然而，如果楼市发生较大调整（如房价下跌 20%）并导致经济广泛而严重的减速，政府在维稳的大格局下便不得不打开流动性水龙头——虽然这是市场最不愿意看到的，但即使是小概率事件也不容忽视。因此，在一个相对较高的 GDP 增速目标下，政府难免有保增长的冲动，因为信贷扩张是在短期内推动经济增长的最有效手段。但历史经验表明，信贷繁荣最终基本上会走向崩溃。前美联储主席威廉•麦克切斯尼•马丁认为，央行应“在众人喝得酣畅淋漓时端走酒盆”；而纵观整个经济史，无论是发达国家，还是新兴市场，都很少有政府能这样做到。

前事不忘，后事之师

1997 年 7 月，泰铢被迫贬值的风波触发了亚洲金融危机，并先后波及菲律宾、马来西亚、印度尼西亚和韩国，各国金融市场（股市、房价和汇率）和实体经济受到了超乎预期的冲击。目前，中国的金融风险亦不容忽视。十九大期间，央行行长周小川指出，中国要防止“明斯基时刻”（指资产价格在经历长期增长后突然崩溃）以避免发生系统性金融风险。我们认为，继续推进金融改革是防范“明斯基时刻”的最佳办法（见图 3）。在 2017 年 11 月特朗普访华后，财政部宣布将放宽外国投资者对银行、证券和保险的投资比例限制（见图 4）。外国资本的进入将给国内金融行业带来更多竞争，这有助于减少行政干预，进而提高资产质量，无疑是鼓舞人心的消息。而与此同时，鉴于国内金融体系尚未成熟，外国投资者是否准备好注资参与仍有待观察（资本是逐利的，例如亚洲金融危机中，外资救助总有实施紧缩计划的附加条件）。虽然中国金融业并不亟须外资，但推进金融自由化，将有助于转变原先依赖信贷拉动经济增长的模式。

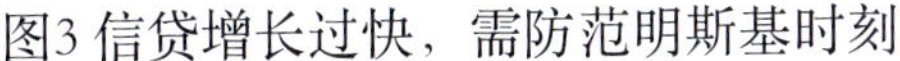
图3 信贷增长过快，需防范明斯基时刻

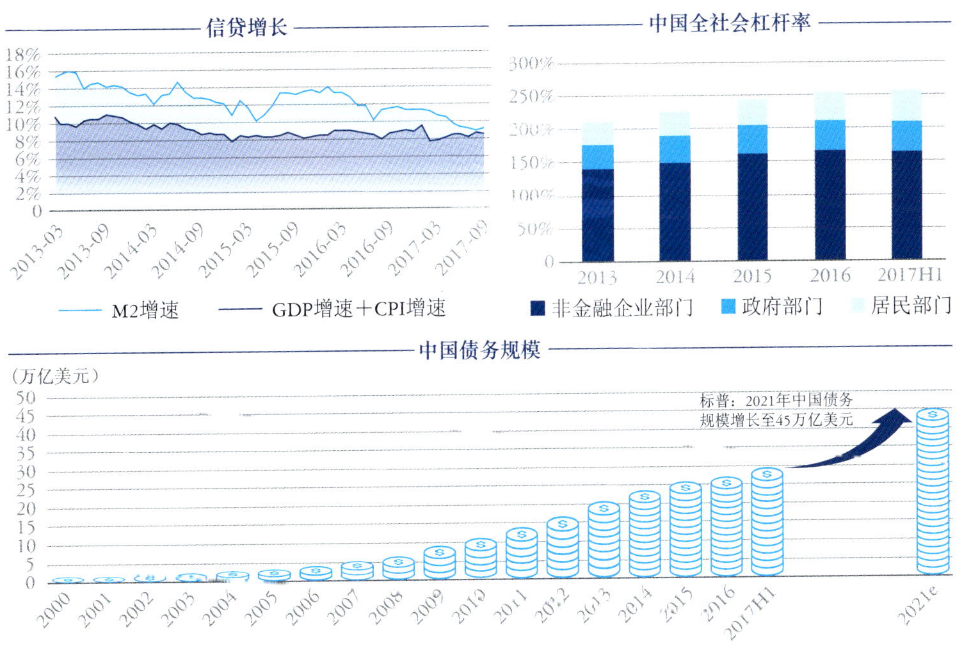

资料来源：Wind，国际清算银行，标普全球评级，德勤研究。

图4 中国金融业放宽外资投资比例路线图

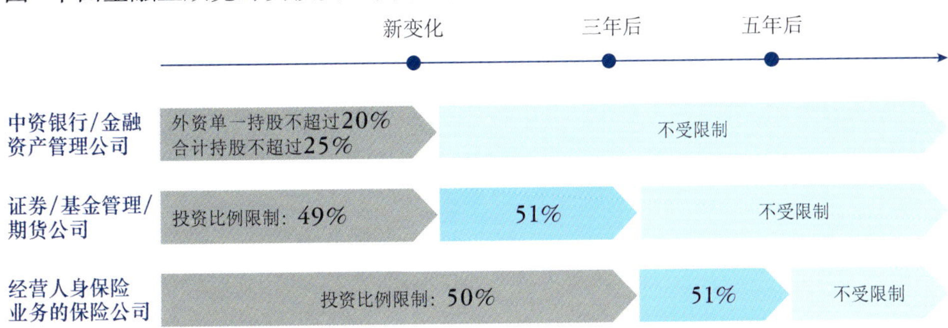

资料来源：公开资料，德勤研究。

2017 年是亚洲金融危机 20 周年。迄今为止，对此次危机的反思有很多。政策制定者应该从此次危机中吸取哪些教训？目前亚洲新兴国家在经济发展上正极度依赖中国，中国有能力向周边国家提供流动性和资金支持，如果现在中国发生危机，波及范围会比亚洲金融危机更大吗？另一个更值得深思的问题是——中国可以从亚洲金融危机中吸取哪些经验来避免重蹈覆辙？

亚洲金融危机爆发的主要原因是，由固定汇率制引起的热钱流动造成信贷繁荣，进而埋下了危机爆发的种子。美元的剧烈升值暴露出固定汇率制在外部投机冲击下固有的脆弱性，加上企业利润受到挤压，引发了突如其来的资本外流。另外，偏向债权人、带有附加条件的IMF一揽子援助计划也加剧了危机形势。因此，亚洲金融危机留给我们以下教训。

首先，新兴经济体的资本市场不如发达国家成熟，不应过快进行金融自由化。即使是在渐进的金融自由化中，放松管制的先后顺序也很重要。

其次，长期的汇率失调相当危险，特别是对于经济过热的国家来说，1996年泰国、韩国和印尼的经济情况就是最佳例证。

第三，不要将企业风险和国家主权风险混为一谈。在这次金融危机中，许多企业“大而不倒”（或“大而不允许倒”）的幻想被击破。危机发生前，韩国各大财团大肆借外债进行扩张的做法难以受到有效监控；而危机爆发后，政府没有能力去援助这些财阀（当时韩国的外债规模远超于外汇储备），引发韩元进一步贬值。

经过此次危机，亚洲大多数国家都积极吸取了这些教训，放弃了固定汇率制度。事实上，大多数国家的汇率处在一个相对被低估的水平，使外汇储备和经常账户盈余保持良好状况。对于中国而言，从2005年人民币与美元脱钩以及2015年8月的汇改过程来看，克服对汇率波动的恐惧是一大进步。虽然人民币在2015年汇改后经历了一年半的贬值，但明显可以看到人民币处在从固定汇率制逐渐走向最终目标为清洁浮动的漫长过程中。

目前人民币汇率在浮动中仍会受到干预，央行盯住一篮子货币，并主观引导人民币汇率逆市场而行（如在定价公式中纳入“逆周期调节因子”）；同时，将外汇储备保持在相当充裕的水平（远超进口需求和外债规模）。此举有助于提振国内储蓄者对于银行系统的信心，而这也反映出中国金融体系深重的道德风险——每个人都相信中国政府会不计代价地为金融机构纾困，长期国债收益率与货币市场利率相差无几就突显出这一风险（见图5）。减小道德风险的最佳办法是允许部分无清偿能力的金融机构倒闭。相较于对金融稳定的过度追求，政府应尝试敢于实施倡导已久的“定向爆破”，或者在一定范围内进行尝试。

图5 风险溢价荡然无存

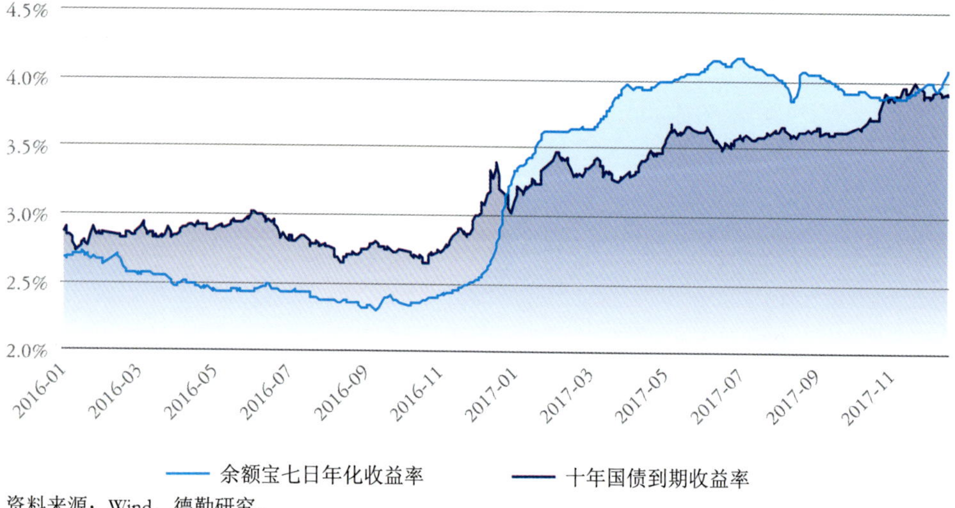

资料来源：Wind，德勤研究。

和1997年前的大多数亚洲国家不同，中国的金融自由化进程缓慢。2017年7月，中国内地与香港的“债券通”正式开通，但仅开展了“北向通”交易（即境外投资者能投资内地银行间债券市场）。而对于全球总市值第二大的A股市场，外资只能通过QFII（合格境外机构投资者）和沪港通进行投资。中国之所以先放开国内债券市场，是因为相比于股市，境外投资者对于债市的投资行为更为长期和平稳，这样能够避免投资波动过于剧烈。在人民币国际化方面，政策制定者也在调整步伐，通过加强外贸结算和“一带一路”倡议来助推人民币国际化。

未来中国的金融自由化将走相当审慎渐进的路线，这意味着对经常账户的严厉管控（如不允许个人进行海外购房及投资）将更为持久。在危机期间进行资本管控是正确的政策吗？亚洲金融危机期间，因林吉特大幅贬值，马来西亚把“美元兑换林吉特”固定在3.80（而市场价达到4.20左右），以控制住市场的自由落体式下跌。不过，马来西亚实施资本管控时已是亚洲金融危机的末期，此时大多数亚洲市场已不太可能受到投机者的攻击。对比来看，2018年美联储进一步的紧缩政策将使中国资本管控变得不太容易（而税改如果造成较大赤字缺口会导致美联储增加加息力度）。进行金融去杠杆意味着政策制定者正重点关注金融风险。开通单向“债券通”表明政策将继续控制盲目的海外投资。在目前外储水平超出需求的情况下，央行继续努力增加外储，突显了其抵御风险的承诺。

总结与展望

展望未来，我们认为，短期内挑战依然存在。在地缘政治紧张或美国启动税改的背景下，如果美元回升，将会带来哪些影响？中国央行是否会继续维稳人民币？利率上涨是否会引起房价暴跌？如果去杠杆导致利率进一步攀升，央行是否能扛住向市场注水的压力？我们认为，在十九大后降低GDP增速目标有助于政策制定者进行调控，外汇储备水平无须如此之高。中期内，如果还要保持过量的外汇储备将适得其反，因为这与保持人民币汇率稳定难以兼顾，或要进行严厉的资本管控才能做到。真正的关键点在于，供给侧改革的核心——国企改革是否能有实质性进展。国企改革的突破有利于降低企业杠杆率，并激活民间投资；进而，信贷政策将有利于人民币汇率保持稳定，而这也将减少对高外储的需求。最后，政治方面亦存在不可忽视的风险。尽管2017年11月特朗普的访华之行圆满落幕，但市场应对美国的贸易保护主义以及中国政府或将进行的反击做好准备。总之，对于中国来说，避免信贷刺激，并在金融领域引入国外资本激活竞争，是能从亚洲金融危机中吸取的最重要教训。

许思涛 | 德勤中国首席经济学家 合伙人　　sxu@deloitte.com.cn

中国生命科学行业将在“十三五”期间继续保持中高速增长。随着医改深入，如何在控制总支出的前提下开展临床创新是政策制定者和企业的共同挑战。生命科学类企业未来的一大课题是应如何应对人口结构变化、消费升级、产能过剩以及知识产权保护不足等问题。

创新引领未来

——对话赛默飞

文／许思涛　刘科宁

德勤针对中国当前的结构调整开展了一系列访谈，本文是该系列访谈文章之一。该系列文章旨在提供行业领袖的观点和重要洞见，以期起到由小见大的作用，帮助中外企业了解中国独特的市场环境。

中国的医疗行业正受到越来越多的关注，该行业在2016年实现了9.6%的增长，预计在接下来的几年里将保持两位数的增长速度。中国无疑将成为全球最具吸引力的医疗市场之一。中国的人口结构变化趋势和消费者健康意识的增强将促进该行业的增长，但与此同时挑战也仍然存在。中国医疗市场创业之风兴盛，并得益于政府的政策支持，但同时也面临知识产权缺乏等问题。中国市场正不断吸引新的本土企业涉足这一行业。各企业应当注意的是，中国某些颇具前景的领域有可能面临市场从“供不应求”迅速转变到“产能过剩”的局面，这一情况此前曾多次出现。此外，市场领导者应当根据政策制定者当前所关心的问题，如成本管理和推进临床医学创新等采取相应措施。赛默飞世尔科技（以下简称“赛默飞”）是科学服务领域的世界领导者。赛默飞中国区总裁江志成（Gianluca Pettiti）向德勤中国首席经济学家许思涛分享了他的洞见与经验。

问题 1: 您自 2015 年以来就一直担任赛默飞中国区总裁。可否分享一下您的经历？您为何会从事现在这份工作？是何种原因促使你出任当前的职位呢？

答: 2002 年，我第一次来到中国，在上海、西安和北京游玩了两个星期。中国的高速发展和充满活力的商业环境让我惊叹。但我从来没想过会到中国工作。

2006 年，我从通用电气离职后加入 Applied Biosystems，从此进入生命科学行业，也开启了我丰富精彩的职业生涯。2008 年，我受任领导 Life Technologies 欧洲、中东和非洲地区财务部门。两年后，我被调往巴西圣保罗，担任拉美地区总经理，这是我第一次被派往新兴市场工作。2012 年年底，公司问我“是否愿意负责 Life Technologies 中国区业务？”我当然非常乐意接受这份委任。我于 2013 年初出任 Life Technologies 总裁，2015 年起开始负责赛默飞中国区业务，目前已在上海生活四年有余。

我原本以为从一个新兴国家过渡到另一个新兴国家会非常顺利，但我很快意识到中国和其他新兴市场之间存在巨大差异。用高速、活力和坚定来形容中国市场或许最为贴切。和其他新兴国家不同，在中国决策一旦制定，就能迅速得到贯彻落实。生物技术中心的迅速成立就是最好的证明。简言之，中国在达成目标方面具备独一无二的能力。

顺势而为

问题 2: 您认为最具吸引力的市场在哪里？您希望专注于什么领域？

答: 亚太区和新兴市场是我们的重要业务区域，我们也希望这些市场能够继续带动我们的业务增长。中国过去保持着两位数的经济增长，并致力于发展精准医疗，同时赛默飞计划在中国开展研发工作，因此中国仍将是推动我们亚太区业务增长的引擎。

问题 3: 未来几年中国医疗行业有望保持 9%~11% 的增长。对此，您如何评价赛默飞的业务前景？增长速度的放缓是否会影响赛默飞的业务？

答: “十三五”规划是中国经济发展和投资的路线图。它主要强调了创新、医改、精准医疗以及环境和食品安全，这些均为赛默飞的优势领域。因此，对赛默飞而言，中国市场具有极大的增长机会。考虑到中国目前的卫生总支出仅占 GDP 的 5%，远低于美国的 18%，我们相信该领域仍有巨大的增长潜力。

中国目前正在向消费驱动型增长模式转变，这亦为赛默飞提供了机会。消费量的增长意味着更多的食品进口和更高的食品安全需求。过去，中国居民主要消费本土生产的商品，因此政府对食品标准的控制较为有效。而现在，中国不断从世界各地进口食品，保证食品安全已成为一个更为复杂的问题。赛默飞拥有广泛的食品分析工具，致力于为保障中国居民食品的安全和健康贡献力量。

问题 4: 2016 年赛默飞中国市场业务增长最快，是赛默飞营收增长的主要推动力。您对中国市场的主要关注点是什么？

答: 作为赛默飞除美国之外的最大市场，中国对赛默飞的营收增长具有重要的推动作用。但是我们与中国的关系是双向的。我们利用自身的专业知识和工具帮助中国解决医疗和食品安全方面的难题。

赛默飞为客户提供契合其需求的工具和创新解决方案，领先全球。我们在中国的策略是基于我们在生物制药、诊断、环境监控以及食品检测等方面的专业能力，专注于当前我们能够解决和减缓的主要问题，如肿瘤研究和食品安全等。例如，我们的高端质谱分析仪和二代测序仪能够帮助医生诊断并分析癌症等疾病，效果更好，效率更高。鉴于中国 2015 年新增了 430 万癌症病例，癌症的早期诊断是与其抗争的重要部分。此外，我们的微生物学产品能够检测食品中的抗生素、亚硝酸盐和其他毒性成分，我们先进的环境分析仪器能够帮助应对空气和水质方面的问题。

问题 5: 您此前提到，中国正致力于医疗改革。您认为这个领域还存在哪些方面的问题？

答：前面提到，2015 年中国新增了 430 万癌症病例，有 280 万人死于癌症，而癌症病理学家则只有大约 6000 名。要减少癌症死亡率，利用先进技术进行早期诊断是关键。采用自动化和辅助诊断的数字病理学技术能够显著提高早期诊断的效率，因此，这一领域仍有较大的发展和提升空间。赛默飞专注于推动数字化技术在实验室中的应用，以提升互联性和分析能力。

创新为王

问题 6: 中国政府在远程诊断等新型医疗技术领域的开放程度如何？

答：每项新技术的应用和推广显然都需要一定的时间。我们能做的是尽力确保采取的每一步措施都完全合规。总的来说，中国政府正在以恰当的方式尝试各种新技术。例如，中国政府最近制定的目标是推动已在美国市场获授权的药品尽快在中国市场获批。

问题 7: 赛默飞在哪些方面推动了中国市场的创新？

答：赛默飞与中国的医院和商业伙伴开展了大量合作，以期在中国构建精准医疗生态圈。我们协助合作伙伴进行技术升级，开展尖端研究工作，为中国的创新格局做出重要贡献。例如，我们与全球单点规模最大医院之一的四川华西医院合作，共建精准医疗联合研究平台。2017 年 9 月，我们的精准医疗客户体验中心在中国广州正式开业。该中心占地 600 平方米，配备最先进的设施，用于展示赛默飞精准医疗领域的各类综合性解决方案。投资客户体验中心进一步体现了赛默飞在推动中国精准医疗研究发展与合作方面所做出的努力。此外，赛默飞将继续在中国打造自己的本地基础设施，包括建立 6 个生产基地，其中 50% 的产品将专供本地市场。

问题 8: 知识产权保护是否存在问题？

答：不仅是跨国公司，本土企业的知识产权保护需求也在不断增加。因此，中国长期致力于加强知识产权保护，并推进知识产权的行使。相比十年前，如今的经营环境已经得到了极大改善。

保持领先：如何维持竞争优势

问题 9： 您如何看待目前的竞争格局？您认为赛默飞能否维持自身的竞争优势？

答： 首先，赛默飞为客户提供业内最全面的服务，是一家能够提供全方位产品和服务的公司，包括蛋白质质谱分析、二代测序技术、PCR 技术以及生物样本库等实验室整体解决方案。上述产品和服务能够帮助客户加快创新进程并提高生产效率，我们也因此得以在市场上脱颖而出。我们通过全球扩张和收购，继续完善相关服务，增强竞争优势。

其次，赛默飞的规模和声誉也有助于我们保持一定的竞争优势。我们目前仅在中国就有大约 4000 名员工。我们不仅是业内规模最大的公司，同时也是本地竞争对手奋力追赶的目标。

此外，我们坚持大力开展创新。我们的研发平台行业领先，每年的相关投入超 7.5 亿美元，保证了我们在前沿技术领域的领军地位。具体来说，我们在以下领域不断推进创新：数字科学、精准医疗以及制定基于质谱技术的样本解决方案。

问题 10： 世界各国政府逐渐实行保护主义，并着力支持本土企业发展。这种情况也有可能出现在中国。您如何看待这一问题？

答： 我们坚持以创新为战略。只要能够在尖端技术和数字科学领域保持领军地位，我们就能在任何市场获得成功。市场上很难有企业能够与赛默飞这样提供全方位服务和产品的公司相抗衡。此外，通过与本土医院、企业和学术界开展大量合作，我们能够深入了解中国本土市场。

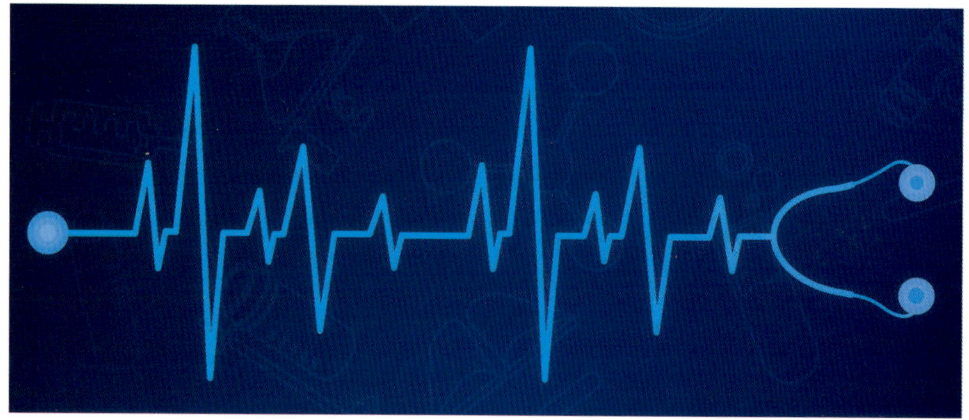

应对制约因素

问题 11： 中国正在从出口导向型向消费驱动型经济转变。中国应当如何避免陷入中等收入陷阱并赶上更加发达的经济体？中国市场仍存在哪些制约因素？

答： 中国落实转型相关政策的速度令人叹服。随着中国进入经济转型期，确保生产过程中的合理配置、高效性以及可持续性将是中国成为发达经济体的关键，而与此同时人才资源也是至关重要的因素。

问题 12: 如果向政府提交一份愿望清单，您希望包括哪些内容？

答：我希望我们能够整合全球可用之资产和能力，助力中国创造辉煌未来。尤其是在精准医疗等领域，我非常期望能够结合中国可提供的丰富知识和海外专家的优秀能力，实现最佳效果。简言之，中国需要学习的东西很多，但同时也有许多既有优势，中国采取开放政策能让全世界受益。

许思涛｜德勤中国首席经济学家 合伙人 sxu@deloitte.com.cn
刘科宇｜德勤研究生命科学与医疗行业研究员 keyliu@deloitte.com.cn

在新型城镇化的驱动下，中国政府更希望在经济效益和社会效益中寻求一种平衡，不计投资回报地增加公共交通供给或大幅降低小汽车出行显然缺乏现实基础。在“后汽车时代”，共享出行和公共交通将以互补和替代的关系长期并存。

中国共享出行的未来

文/ 何马克博士　周 全　吴燕子

未来可能是这样的：城市居民通过智能手机上的一个移动应用就能规划和制定出行方案，采用何种交通工具变得不再重要，关键是如何最高效地从 A 点到达 B 点，而且省去交通导航、拥堵、寻找停车位等烦恼。

为朝着这一未来方向发展，当前的城市交通亟须一场出行革命，重新分配路权以达到新的平衡，建设一个步行、骑行更友好，且更亲近居民的城市。在那里，道路压力更小，污染更少，事故率大幅降低，噪音更低。

在本文中，我们将探讨新兴出行工具，尤其是以共享出行为代表的新一轮出行革命，将对中国的城市交通带来什么影响，以及中国出行生态系统将在哪些驱动力的引领下朝着何种方向演变。

一、中国城市交通存在的问题

中国现有的城市道路基础设施远未能满足城市居民不断增长的机动车出行需求，而且出行者以几乎零成本的方式占据并使用公共道路资源，造成明显的负外部性，例如拥堵、城市空气污染、居高不下的交通事故率等。目前，中国的城市机动车出行市场面临几个相同的问题：交通基础设施不足，供需存在较大缺口；路网结构性失衡；交通效率低下、拥堵成本高企。

（一）交通需求和道路资源供需失衡

如火如荼的城市化进程不仅带动了区域经济发展和人口流动，更是催生了庞大的城市出行需求。但道路供给受制于地方财政、土地资源和城市开发边界的约束不可能无限扩张，这使得供需失衡成为当前摆在城市决策者面前最迫切的难题。

长期以来，保证机动车的路权占据着中国城市交通规划的主导地位，各地均以增加道路长度、拓宽城市路面来满足井喷式的私家车出行需求。2006 年 -2016 年期间，全国城市道路面积年复合增速为 6%，但机动车保有量的增速为其 4 倍多（见图 1）。城市决策者很快便发现，增加道路供给可能会解决一时之需，但同时也刺激了潜在需求，继而引发更多城市居民选择私家车出行。交通拥堵甚至恢复到了道路拓宽之前的水平，通勤时长也未得以减少。

图1 机动车道路基础设施不及小汽车增长速度

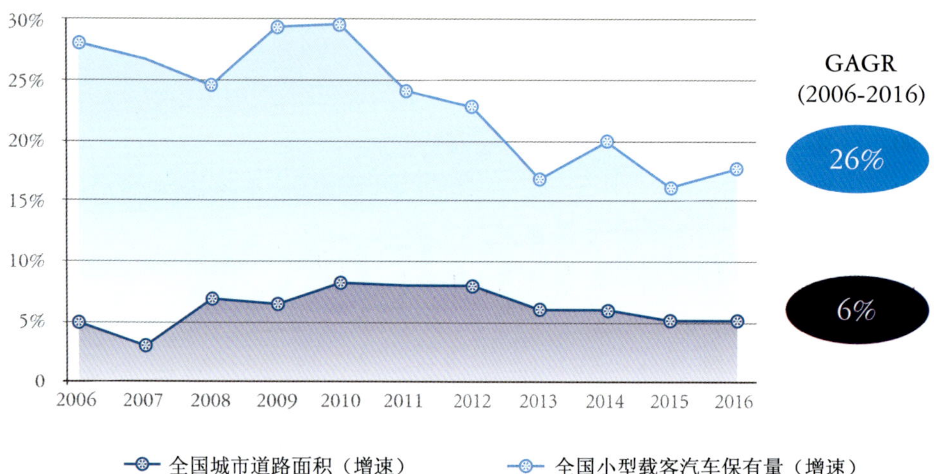

资料来源：Wind、国家统计局。

（二）路网结构性不合理

仅仅指责道路供给不足也是片面的，还需认识到城市路网存在结构不合理的问题，尤其是相较国际大都市，中国城市的路网密度[1]严重偏低，宽马路大街区盛行，具体表现在城市几乎所有的路都是主干道，缺少次级路或分支路。主干道的特点是抗拥堵能力差，而分支路作为城市交通的毛细血管，其分流和缓解拥堵的优势更为突出。结构性失衡的矛盾在人口稠密的大中城市表现得尤为显著，例如北京、上海的千人汽车保有量已接近东京、首尔等小汽车成熟度较高的亚洲发达城市，但其中心城区的路网密度却不到后两者的三分之一（见图 2）。

从国际经验来看，一个路网密度高、街区紧凑、马路较窄的城市，其路网通达性和公共交通渗透力更强。东京和纽约的路网密度分别达到了 18.7 和 17 千米 / 平方千米。

图2 路网密度和小汽车保有量的增长矛盾（中国和发达国家城市比较）

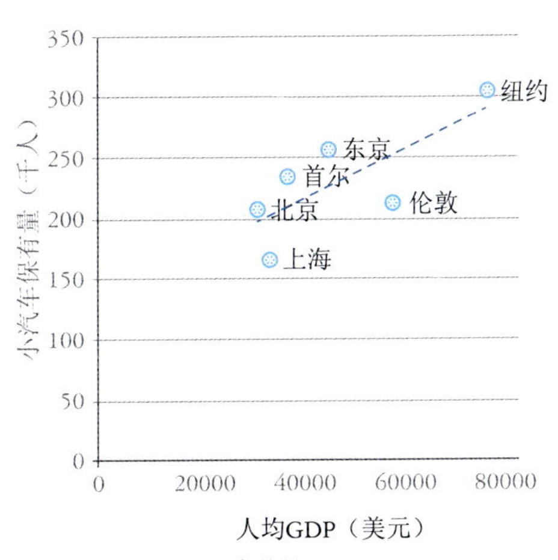

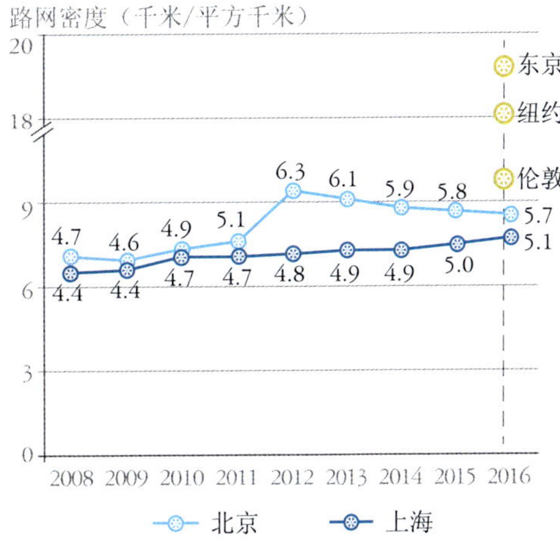

资料来源：Wind、国家统计局。

（三）效率和成本

出行市场的另一大问题体现在交通效率低下以及拥堵导致的不断上涨的社会成本，其中因拥堵引发的成本包括时间延误、员工效率低下、额外燃油消耗、环境污染物排放和噪音成本等。高德地图发布的《2016年中国主要城市交通分析报告》显示，全国约三分之一的道路使用者受堵车的困扰，在其取样的100个城市中，32个城市的高峰拥堵延时指数超过了1.8，即30分钟的通勤因拥堵而额外增加24分钟。其中北京工作日平均每天拥堵时长为3小时[2]，相当于每年花在堵车的时间超过30天，这一数字要长于他们一年的法定节假日。

面对日益增长的拥堵、雾霾、能源紧张等问题，中国政府正在酝酿一系列政策措施，力求减少机动车出行的外部成本。而结合当前的城市土地规划、人口迁徙特征，继续推进高速大运量的轨道交通设施建设已经成为各级政府“十三五”规划的投资重点。

但我们认为，只扩大公共交通覆盖率太过理想，在保障最基础出行服务的前提下，城市交通供给也要满足多元化、高品质的出行需求。未来出行将是一个综合的交通体系，不同速度、运量和成本的工具将融合发展，甚至有望形成出行即服务（MAAS）的平台模式，即一个应用整合各类交通服务方式，并使用一个交互界面和支付体系，为城市居民提供点对点的无缝出行服务。而共享出行作为新兴出行方式，将成为该交通体系中不可或缺的一环。

二、中国共享出行的现状

2013 年，基于移动互联网和 GPS 定位技术在线呼叫出租车的移动“快的打车”的出现，掀起了中国个人出行市场变革的序幕。在此之后的五年间，一大批专注于新型移动出行的初创企业相继成立，并获得资本争相追捧。广义上的共享出行市场可分为五种模式：填补城市出行最后一公里的“共享单车”、专注于城市中短途出行的“网约车”及“顺丰车”模式、侧重中长距离的“分时租赁”以及深耕长途和跨城出行的传统租赁模式。

据德勤不完全统计，2013 年 -2017 年[3]五年间，全国泛共享出行市场共发起融资案例 225 起，涉及金额 1689 亿元（见图 3）。其中，网约车行业吸引了超过八成的融资额。但自 2016 年起，共享出行市场迎来新一轮变革：共享单车站上新风口，累计吸引超过 190 亿元[4]的风险投资；分时租赁行业经过了近三年的缓慢爬坡后也一跃成为资本追逐的热点，总融资额达到 33.9 亿元；网约车市场步入成熟阶段，行业寡头滴滴的市场集中度进一步提升；而前几年被资本看好的 P2P 租车企业则加速转型。

图3 2013年-2017年中国交通出行市场[5]投融资分布

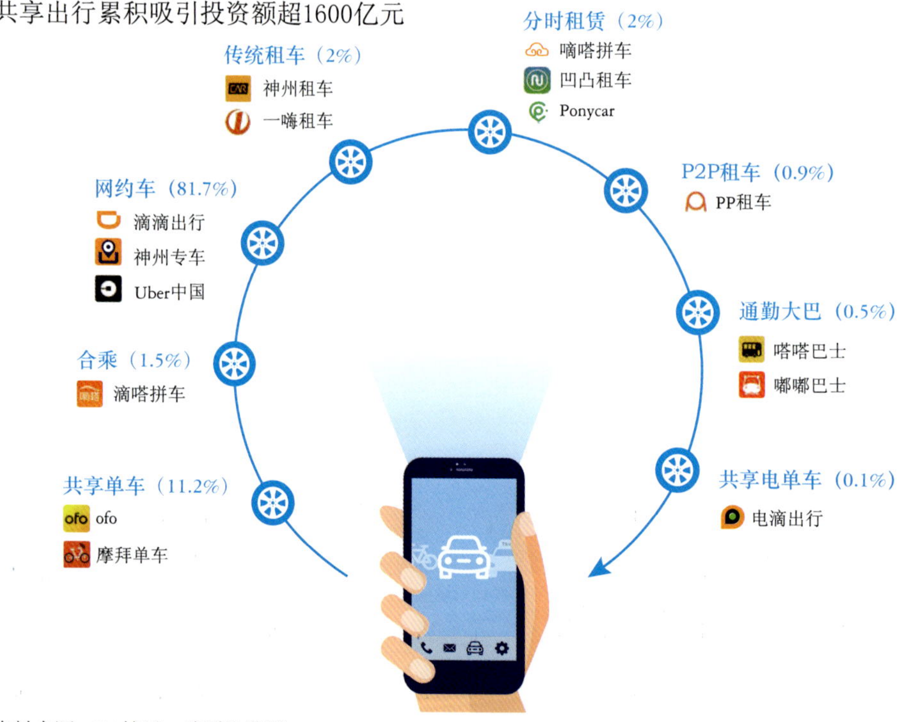

资料来源：IT 桔子、清科私募通。

（一）网约车

经过一系列的收购合并，网约车的市场集中度进一步提升，行业领先企业滴滴的用户规模达到 1 亿人，日均订单超过 2000 万[6]，其在移动出行市场的份额超过 80%。Uber（已被滴滴收购）、易到、神州专车分处市场后三位，而且这三家出行企业的用户活跃度在过去一年出现显著下滑态势。从覆盖区域上看，一线城市贡献了网约车平台超过 50% 的订单量。从 2017 年年初起，滴滴宣布开始向三、四线及县级城市下沉。作为最早涌现的出行模式，网约车市场已步入市场成熟期，未来的增长更大程度取决于车辆运营效率的提升和服务的精细化。

图4 中国城市出行生态图

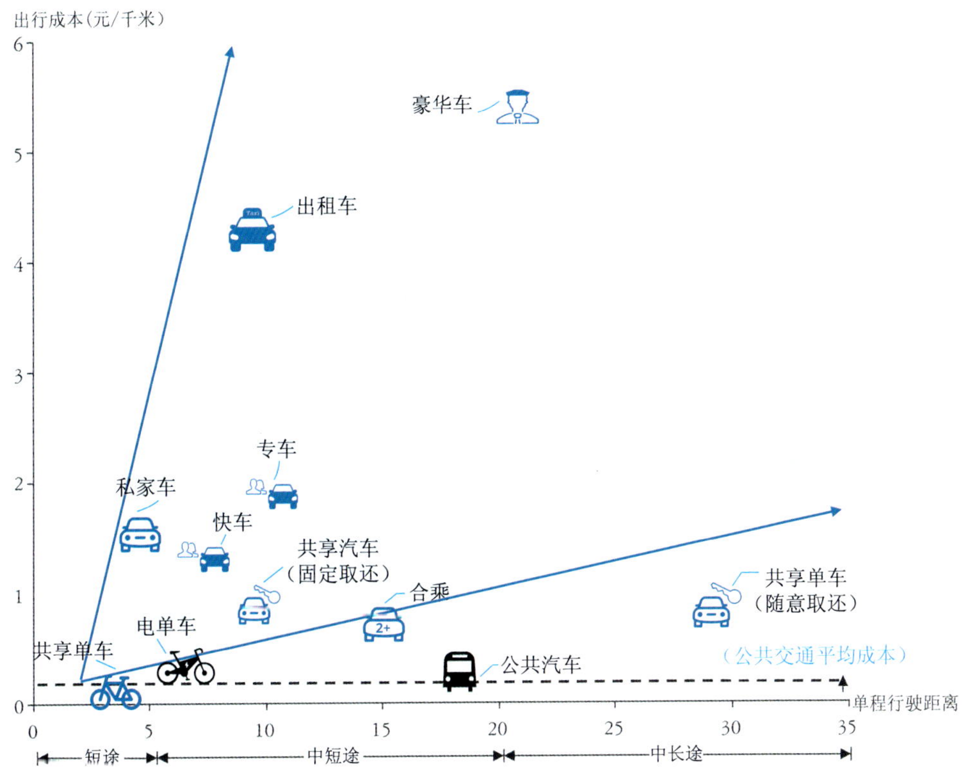

资料来源：公开资料。

（二）顺风车

目前，中国的顺风车市场仍处于起步阶段，市场规模较小，渗透率较低。滴滴处于行业垄断地位，旗下顺风车业务一年内使用人次突破 3000 万；嘀嗒拼车紧随其后，并且在过去一年中实现月活跃用户数（MAU）近 20% 的增长。在城市短途出行中，顺风车相较快车 / 专车和出租车具有一定的价格优势，但劣势也尤为明显。它是一种计划性的出行方式，仅能满足出行时间弹性较高、事先规划的乘客，无法应对动态性、即需即用的出行需求。

（三）分时租赁

分时租赁是基于传统短租衍生出来的按小时计费的出行模式，在中国市场的发轫要早于网约车模式，但由于其重资产属性，分时租赁企业的扩张速度远不及其他出行模式。

进入 2017 年，多地政府提出将分时租赁作为推广新能源汽车的重要手段。借政策东风，电动车分时租赁呈爆发式增长，并涌现了大量初创企业。企业数量从 2016 年初的 30 余家增加到百余家，总车队规模超过 5 万辆，其中 95% 以上的车型为新能源汽车。

目前，行业参与企业包括整车厂背景的分时租赁企业、传统汽车租赁背景的企业以及获资本加持的新兴初创企业，分别占据约 75%、5% 以及 20% 的市场份额[7]。

（四）共享单车

不同于先前由政府主导的采用固定停放点的公共自行车租赁模式，这轮共享单车热潮基于无桩模式，随取随用。2016 年下半年起共享单车成为资本追逐的风口。最高峰时，全国累计投放车辆超过 1600 万辆，注册人数超过 1.3 亿人次，累计服务超过 15 亿人次[8]。

但仅仅一年，共享单车即从井喷式增长，到投放过度、热点城市出现局部过剩，再到行业进入拐点，多家中小单车企业因资金链断裂而倒闭。最早进入该领域的共享单车企业，摩拜和 OfO 两家相加的市场份额接近 90%。

从国际经验看，共享单车的大规模使用对城市交通的影响是复杂多样的。在人口密集的城市中心地带，城市居民普遍更倾向于骑行而非搭乘公共交通工具来解决短途交通；在人口密度较低的城市外围，共享单车的出现将增加人们使用公共交通的频率。

而从国内情况看，共享单车多数情形下承担了短距离出行的任务，尤其是解决了最后一公里[9]的出行需求。据统计，超过 6 成的用户每次骑行距离在 3 公里以内，且使用场景为完成地铁站 / 车站和目的地之间的出行[10]。共享单车的兴起逐渐开始挤占网约车在 5 公里以内的短途出行市场的份额，并在减少机动车短途出行的使用频次上起到一定促进作用。

移动共享出行对中国城市交通的影响

- 总体而言，共享出行在中国整体交通出行的占比仍较低，当前市场份额最大的滴滴，在中国总体出行市场的渗透率也仅为 1%[11]。另据摩根士丹利的预计，以共享方式产生的出行里程占汽车总行驶里程的比例将从 2015 年的 4% 提高到 2030 年的 26%。
- 移动共享出行模式的出现无疑加剧了中国出行市场的复杂性，但同时也为城市交通带来了便利性和灵活性。首先，作为可替代出行方案，新型出行方式一定程度缓解了城市营运车辆供给短缺、运力不足及运营效率低下等难题；其次，以更便宜的价格提供A点到B点的出行服务（专车市场补贴退出后，专车相对于出租车的成本优势被削弱）；再次，满足了消费者即需即用、多样化、多点化和高质量的出行需求；最后，包括网约车、共乘、分时租赁模式和共享单车在内的泛共享出行行业，在帮助解决公共交通最后一公里的需求上起了极大的促进作用。
- 共享出行以政府、社会和公众皆未预料的速度涌现并铺展开来，其所引发的争议也从未间断过，尤其是针对本质均为小汽车出行的网约车、分时租赁是否增加了额外的道路出行并在一定程度上加剧了交通拥堵的讨论。值得指出的是，这些提供共享出行服务的企业并未支付因其所提供服务的负外部性而造成的社会成本。
- 共享出行的初衷是减少有车家庭的开车频次和行驶距离，最终出售已有车辆或加入共享平台，同时平抑未来几年内潜在购车者的买车需求，转而采用融合了各类交通方式的大综合出行平台。从现阶段看，共享出行未来发展面临的最大挑战来自于监管，中国政府有望引入差异化的政策来引导、鼓励或规范这类新型出行方式。

三、影响未来共享出行的驱动因素

中国城市交通的结构和肌理将随着城市规划、人口迁徙、产业政策等因素的调整而发生改变，其中城市化是影响出行市场的主导因素。世界银行预计，到2030年中国的城市化率将达到70%，届时城市人口有望突破10亿。

中国政府的目标很明确，那就是发展可持续的城市交通，提升大运量、集约化的交通工具的出行覆盖率。但由于公共交通受地方财政、建设周期等因素制约，很难满足新一轮城市化下交通出行的需求。因此发展多方式混合出行有望成为城市交通的新常态，而共享出行将在其中发挥重要角色。

（一）新型城镇化下的交通一体化

中国的城镇化已经步入了大都市区（都市圈）化的发展阶段，其最典型的表现为大城市周边出现一些新兴城镇，形成新的人口和产业聚集，并形成跨行政区划的通勤族[12]（见图5）。例如每天有数十万居住在燕郊、昆山、佛山的居民去北京、上海、广州工作。

图5 都市圈的跨城通勤

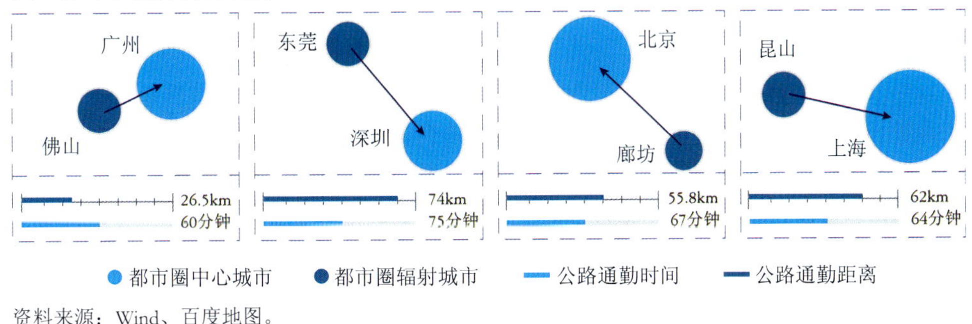

资料来源：Wind、百度地图。

近几年，都市圈交通一体化、同城化出行的趋势表现得尤为明显。跨城出行需求最为频繁的路线大多集中在珠三角和长三角区域，例如广州 - 佛山、深圳 - 东莞、上海 - 苏州 - 昆山、杭州 - 富阳 - 绍兴[13]。

从国际经验来看，通勤（市郊）铁路是都市圈的标志之一。以东京为例，都市圈轨道交通运营里程达3500千米，其中市郊铁路长2300千米，实现了对半径超过50千米的东京都市圈的覆盖[14]。

尽管中国的一线城市在“十三五”规划中均提出要逐步加快建设辐射郊区新城和都市圈内临近城市的通勤（市郊）铁路网，但完全复制东京模式建设市郊铁路并不现实，这不仅面临体制和技术上的难题，更受制于地方财政等的约束。因此中国政府更可能寻求一个折中的方案：优先发展公共交通的同时结合共享出行，形成集约化和个性化交通工具的无缝衔接。

（二）演变中的消费习惯和偏好

近几年中国出行市场上一个最显著的变化是年轻消费者开始延缓购车，转而使用按需出行、公共交通等替代方案。年轻消费者对于以汽车作为身份象征的兴趣越来越低，他们购买汽车的驱动力变得更务实。与此同时，汽车保有量和持驾照人数的缺口也逐年扩大（见图6）。

图6 汽车保有量和取得驾照人数对比

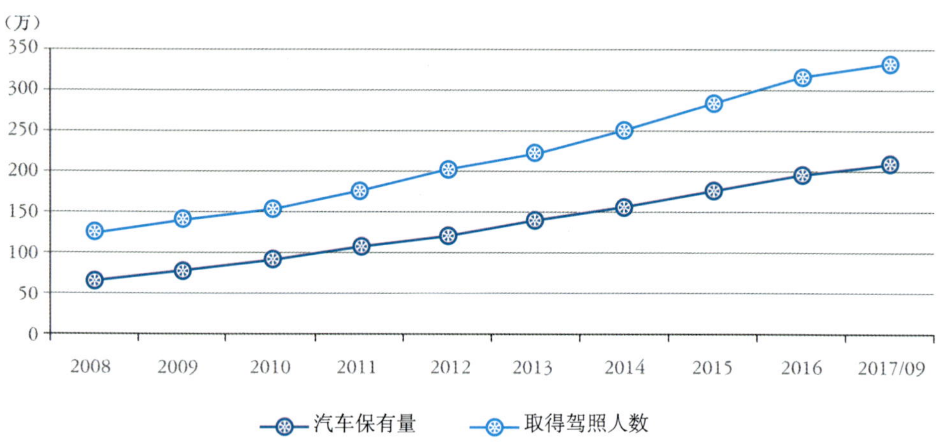

据德勤研究[15]，便利、准时、成本已经成为影响中国城市消费者交通工具决策的最重要因素。90后年轻消费者更愿意以更便利的方式规划自己的出行，上下班通勤仍然选择公共交通工具，但在有急事赶时间、难打车地段、恶劣天气情景下更倾向于采用移动共享出行模式，后者帮助解决了城市居民出行的大部分痛点，并节省了大量时间和资金成本。

与此同时，得益于智能手机的普及，城市居民对移动出行、即需即用、方便预定、获取和支付的要求大幅提升。根据德勤调研，69%的中国年轻消费者使用智能手机应用规划出行，而且不再满足单一的点对点交通模式，他们对多方式、个性化、高品质的出行需求越来越高。

（三）政府意志和政策法规

现阶段，对出行市场产生深刻影响的政策法规主要有两个方面：一是各级政府为治理交通拥堵和空气污染而出台的一系列限制措施；二是继续推进其目标宏大的新能源汽车计划。

对于治堵，有学者曾建言中国政府应借鉴欧洲经验，研究制定小汽车牌照税、燃油税、道路使用费、排放费以及差异化的停车价格等经济杠杆手段[16]。以任何一种名义征税对小汽车的使用都将带去深刻影响。

中国大型都市圈以建成低排放、低能耗的城市为目标，这意味着所有公共和个人交通的电气化将成为中国总体发展项目的重中之重。2016年，国内外整车厂在加快新能源汽车投产步伐的同时，也加速成立或投资分时租赁等共享出行服务，这些出行服务运营商有望在未来成为新能源汽车最大的采购方。

四、中国未来出行市场展望

（一）德勤全球未来出行研究框架

根据当前全球的分析，未来个人出行将呈现四种不同情景（见图 7），而全世界将出现不均衡的现象，不同人群需要不同的交通方式，意味着这四种未来情景可能同时存在。

图7 四种潜在的未来情景

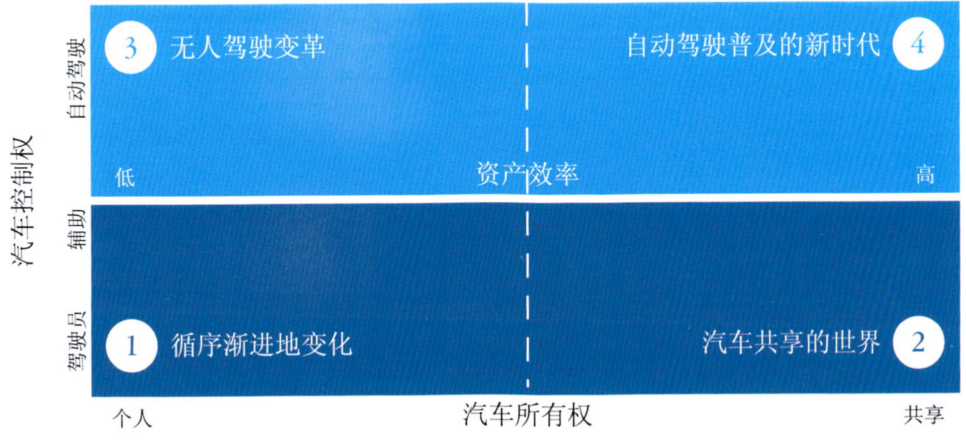

未来情景 1：循序渐进地变化

对未来持最保守看法的人认为应大力投资与目前体系密切相关的重大资产。持这一看法的人认为，汽车所有权将保持常态，消费者倾向于汽车拥有权所带来的私密性、灵活性、安全性及便利性。

未来情景 2：汽车共享的世界

第二种未来情景则预计汽车共享将持续增长，随着共享出行在交通需求中占比的不断攀升，拥有多辆车的家庭开始减少使用频率，而其他人可能考虑放弃车辆所有权，减少未来的购车需求。

未来情景 3：无人驾驶变革

第三种情景下，无人驾驶技术被证明是可行、安全、便利和经济性的，但私人购车依然盛行。监管机构、汽车公司和互联网企业相互合作，推动未来交通体系朝着该情景的方向演进。

未来情景 4：自动驾驶普及的新时代

自动驾驶与汽车共享趋势相互融合。都市通勤者将是该模式最早的采纳者。随着基础设施智能化程度的提高，自动驾驶共享汽车的车队可能从市中心扩大到人口稠密的郊区及更偏远地区。

（二）中国未来出行市场演变路径

基于上述影响因素，我们认为移动共享出行在交通需求中的占比将不断攀升，而且将对中国发展可持续城市交通发挥重要作用。考虑到中国经济的区域性和梯级发展特征，共享出行将在中国各城市圈层中扮演不同的角色。

- **都市圈或超千万人口的特大城市**。城市特征：人口稠密、公共交通网络发达且覆盖率高，出行供需矛盾突出，机动车总量增长和使用都受到严格限制。公共交通仍然是城市交通的主角，但共享出行将逐步融入城市交通体系中，并且和公共交通呈现出一种替代和互补并存的关系，一方面填补运力不足或公共交通覆盖率低的市郊等区域的出行需求，一方面帮助建立便捷的接驳系统，解决末端交通难题。
- **都市圈辐射城市**。城市特征：受都市圈核心城市辐射，跨城通勤出行特征明显，但现有公共交通因覆盖不足、运力短缺或服务质量低等原因，无法满足密集的出行需求。共享出行（例如合乘、分时租赁等）有望替代一部分公共交通，成为跨城交通的主要出行载体。
- **城市化进程较快的二、三线城市**。这些地区的特点是公共交通网络覆盖密度相对不高以及轨道交通可抵达的商务区 / 商圈少，私家车出行占比较高，但由于城市基础设施扩建赶不上城市人口的增速，已开始出现拥堵趋势。随着出行服务提供商的渠道下沉，共享出行在这些城市的渗透率将不断提升。
- **四、五线及城乡地区**。这些地区汽车保有量较低，仍有较大增长空间。随着城乡居民可支配收入的上涨、交通基础设施的完善，私家车购买在这些地区仍将盛行，而且成为主要的出行工具。共享出行在这些区域的渗透力和影响力较弱。

私家车曾吸收了中国城市化进程下人口和经济活动增加所带来的几乎所有城市出行量的增长，但其所引发的负外部性也极其明显。在新型城镇化趋势下，中国政府更希望在发展城市交通所带来的经济效益和社会效益中寻求一种平衡，不计投资回报地增加公共交通供给、大幅降低小汽车的出行分担率显然缺乏现实基础。小汽车拥有和使用、共享出行、公共交通等几类模式将在较长时间里共存，新型出行方式将提升传统交通工具的效率和服务竞争力，并帮助建设可持续的城市交通。

何马克博士 | 德勤中国汽车行业领导合伙人 mhecker@deloitte.com.cn
周　全 | 德勤摩立特移动出行副总监 qzhou@deloitte.com.cn
吴燕子 | 德勤研究汽车行业研究员 zwu@deloitte.com.cn

尾注

1. 路网密度为城市建成区道路总长度和城市用地面积之比，即平均每平方千米土地上的道路长度。
2. 2016 北京市交通发展年度报告。
3. 截至 2017 年 11 月 30 日。
4. 2016 年 1 月至 2017 年 11 月，下文分时租赁企业融资额统计周期相同。
5. 不包括停车、代驾、货车运输等出行应用。
6. 涵盖出租车、快车、专车、顺风车等业务。
7. Arthur D. Little.
8. 交通运输部。
9. 此处并非特指一公里的距离，而是泛指乘客从轨道交通、地面公共交通站点下车后到工作地点或小区的距离。
10. 2017 企鹅智酷共享单车报告。
11. http://tech.qq.com/a/20160621/039915.htm.
12. 《中国大都市区发展的体制障碍及解决思路》，北京交通大学中国城镇化研究中心主任，赵坚。
13. 《利用滴滴出行数据透视中国城市空间发展》，清华大学建筑学院，龙瀛等。
14. http://www.ndrc.gov.cn/gzdt/201707/t20170704_853907.html.
15. 德勤 2016 中国消费者未来出行问卷，*n=1440*。
16. 《城市交通创新发展如何用好“无形之手”》，南京市城市与交通规划设计研究院，杨涛、罗丽梅。

未来便利店

经济的持续增长、主力消费人群的崛起、政策和资本的支持等因素推动了便利店行业持续稳健的增长。以数字化为核心的转型将引领便利店行业进入下一站，并成为新的零售生态下企业应对变化和挑战的重要手段。行业边界的模糊正使得越来越多的“局外人”开始介入便利店行业，并有可能成为重构便利店行业的重要力量。

便利店的下一站

文 / 张天兵　陈 岚　李 铭

便利店行业持续稳健的增长、政策的扶持以及资本的助推使得便利店行业成为零售市场中一个重要关注点。为了获得对便利店行业发展的深入了解，本文从便利店行业的发展前景、行业的转型升级路径以及潜在的重构者三个角度，对便利店行业进行了分析。

一、便利店行业在风口还能站多久？

在国内实体零售业的寒冬中，便利店业态保持着持续的增长，政策的支持、资本的推动使得便利店成为目前零售行业中的一个风口。 超市、百货业态的销售额在过去 3 年出现了明显的增速下滑，其中百货业态的销售额甚至在 2015 年开始出现持续的负增长。在大环境一片萧条的背景下，便利店行业销售增速在过去 7 年持续保持在 9% 的水平以上。

（一）市场高度分散蕴藏发展机遇

由于行业发展阶段、地区经济发展不均衡、中国土地面积广阔、文化差异等方面的原因，中国便利店行业集中度很低。从便利店销售额份额来看，销售额排名第一的美宜佳销售额占比也仅为 10%，与此同时便利店行业前十家企业的 HHI 指数值也仅为 378.6（1000 以下为竞争型），处于分散型竞争市场。同时，由便利店的分布可以看出，目前仅上海和广东的便利店门店数量超过 5000 家，大多数地区的便利店总数都少于 1000 家，地域发展的不均衡为便利店发展提供了巨大的想象空间。相比一线城市来说，更低的人力和租金成本也使得二、三线城市有可能成为便利店企业利润的重要来源。

（二）成熟市场发展历程揭示便利店业态发展潜力

结合国外成熟市场的发展历程以及国内市场的发展现状可以发现，便利店行业的发展与经济发展和城镇化水平密切相关。从日本和中国台湾的经验来看，当人均 GDP 达到 3000 美元左右时，市场进入便利店导入期，而当人均 GDP 达到 1 万美元时，便利店行业逐渐步入成熟期，竞争也将更加激烈。

人口密度也是支持便利店行业发展的一大因素。从便利店在其他国家的发展中可以发现，人口密度更高的地区，对于便利店的发展更加有利。中国的主要城市中，人口密度前 50 的城市人口密度均大于 640 人 / 平方千米，远高于日本、英国的平均密度水平，而中国前 90 的城市人口密度也均大于 200 人 / 平方千米。在这些区域，从人口密度的角度来看，具有发展便利店的人口基础。

便利店在整体零售市场的占比数据也显示，在 2006 年 -2016 年间，日本和英国便利店的零售额占比逐年攀升，到 2016 年日本的便利店零售额的比例已经接近 9%，较 2006 年增长约 3%。在中国这一比例自 2014 年起出现了持续的上升，但是到 2016 年仍旧不及 1%。对标国际市场的销售额占比，中国便利店仍有明显的上升空间。

（三）主力消费人群为便利店持续发展提供支撑

中国经济的高速发展为年轻一代提供了更多的就业岗位和持续稳定的收入增长，进一步刺激了年轻一代的消费需求。与上一代消费者不同，新一代消费者更加注重便捷、个性、高品质的购物体验。全家的数据显示，不断壮大的新一代消费者已经成为便利店消费市场中的主力军，目前全家的 80 后、90 后会员来客占比高达 88.4%。此外 7-Eleven 的统计数据也显示，20~40 岁消费者在便利店消费人群中的占比已经达到 88%。从客层构成来看，公司职员为主要消费人群。

日本的一项调查数据显示，1997 年 -2015 年间，20 代（20~29 岁之间）消费者是便利店消费频次最高的人群，且使用频率相对稳定，而 30 代（30~39 岁之间）至 50 代（50~59 岁之间）消费者的使用频率呈现持续增长态势，其中 40 代消费人群的便利店每月使用频率从 9.8 上升至 21.3。与日本类似，在中国全家和 7-Eleven 等公司的数据也都显示，年轻一代贡献了大部分的销售额以及增长，随着收入的增加以及消费习惯的形成，更多的消费者有望成为便利店的用户，便利店的销售也会因此得到促进。

（四）政策助力为便利店行业发展提供支撑

政策的支持也是目前便利店行业快速发展的一个重要推手。从国家层面来看，2015年国务院办公厅发布了第一个全面、系统地推动生活性服务业发展的政策性文件——《关于加快发展生活性服务业促进消费结构升级的指导意见》，对消费升级、生活性服务业提升规模、品质和效益进行了总体部署。从地方来看，南方对便利店的政策支持优于北方。但是近期北方多地也出台了相应的扶持政策，如北京出台了《连锁便利店行业规范》等系列文件，对北京地区规范化的连锁便利店品牌发展起到了促进作用。

（五）资本成为推动便利店行业快速发展的重要动力

稳定的表现、高频的消费、便捷性的服务体验使得近几年各方对便利店行业的关注度持续上升，到了2017年更是达到了一个高点。在这样一个大背景下，大量资本的入局成为短期内推动行业发展的重要动力（见表1）。从获得融资的企业来看，主要可以分为三个类型：创新型便利店、无人便利店和服务商。

表1 国内便利店及相关企业融资案例（不完全统计）

便利店品牌	融资时间	融资情况	业务模式
小麦便利店	2017年7月	1.25亿元人民币首轮融资	无人便利店
拼便宜	2017年4月 2017年7月	完成百万级天使轮和千万级第二轮融资	B2B服务商
货圈全	2017年7月	Pre-A 1000万美元融资	B2B服务商
F5未来超市	2017年6月	A+轮3000万元融资	无人便利店
缤果盒子	2017年5月	A轮超1亿元融资	无人便利店
Today	2017年5月	A+轮3000万元融资	便利店
爱便利	2017年3月	2亿元B轮融资	B2B服务商
便利蜂	2017年2月	A轮数亿元融资	便利店
中商惠民	2016年9月	获得13亿元B轮	B2B服务商

资料来源：根据公开信息整理，德勤研究。

基于上述分析，德勤认为便利店能够针对性地满足消费者对于便捷性的追求，在新一代消费者崛起的背景下，便利店行业仍将在可预见的未来保持相对稳定的增长，并且在资本和政策推动下，行业成熟度有望得到较快提升，行业竞争也会更加激烈。

二、便利店行业如何变形？

消费偏好的改变、电子商务的冲击以及经营模式的滞后使得中国传统零售行业面临着诸多的发展挑战。与此同时，电子商务企业为了获得更加广阔的发展空间积极进行线下布局，通过技术和经营理念的输出推动实体零售行业的转型进程。在迫切的转型压力和激烈的竞争中，便利店企业需要以消费者需求为核心，充分运用数字化手段来整合和完善日常运营的各个环节，通过持续提供高品质的便捷服务，来保持企业的竞争力。

（一）回归商业本质，品类服务优化打造核心竞争力

零售的本质在于持续满足消费者不断变化的需求，对于便利店企业来说，通过什么样的产品和服务，以何种方式来满足消费者的需求，是应当关注的核心问题。

1. 品类优化

商品和服务是连接便利店企业与消费者的主要媒介，商品和服务能否有效地满足消费者需求直接决定了消费者对便利店企业的评价，因此国际领先的便利店企业都对商品和服务进行了持续的投入，并将品类的持续优化升级作为企业数十年战略的核心内容。品牌化、餐饮化、深度介入生产环节都是这些企业针对消费者需求采取的重要举措。

2. 通过餐饮提升差异化竞争力

将品类向鲜食餐饮扩展是目前外资便利店的重要举措和优化方向。便利店企业希望能够通过种类丰富的食品选择拉大与竞争店铺的差距，同时利用标志性的餐饮商品和服务建立便利店品牌在消费者心目中的独特形象，从而增强消费者黏性。7-Eleven 在中国的经营数据显示，速食商品已经成为便利店销售额和毛利的最大组成部分，其合计销售占比已经达到了 42.9%，而毛利贡献也达到了 46.6%。

3. 品牌化

品牌化是国际领先的便利店企业和其他大型零售企业的又一重要发展方向。自有品牌使得便利店企业能够通过高品质、差异化的商品向消费者传递独特的品质和价值理念，有助于便利店企业更好地满足不同类型消费者的细分需求。7-Eleven 是便利店行业自有品牌发展的代表性企业，截至 2016 年 2 月的财年，Seven Eleven Japan（SEJ）的自有品牌 Seven Premium 的销售额已经超过了 1 万亿日元，是目前日本最大的自有品牌。2014 财年起的连续三个财年，Seven Premium 贡献了超 60% 的 SEJ 销售额增长，成为 SEJ 增长的主要驱动因素。为了能够更加精准地满足不同消费者的需求，SEJ 又相继推出了更高品质的 Premium Gold 和注重细节及材料的 Seven Lifestyle（见图 1）。

图1 SEJ自有品牌定位

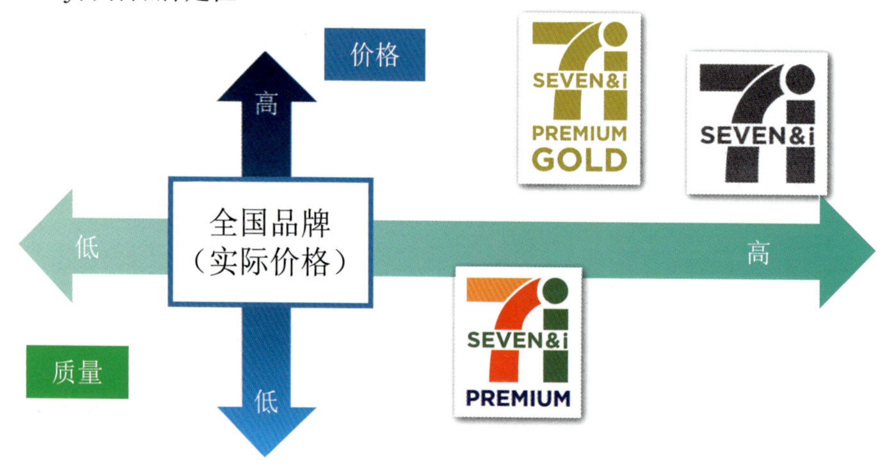

资料来源：SEJ 年报，德勤研究。

自有品牌和速食的发展离不开对整个生产体系的深度介入，7-Eleven 在介入生产方面做得非常彻底，在生产的过程中选择了自有生产的方式来更加彻底地整合和优化供应链，数据显示专用工厂在制造工厂中的占比超过了 92%。深度介入生产环节，与供应商形成利益共同体有助于帮助便利店企业更好地控制品类和商品品质，同时对成本和流通环节进行更好地管控，也有助于激发供应商对于商品生产和优化的积极性，进而与便利店企业形成合力，提升整体价值链。

（二）业态创新和门店优化

便利店门店作为消费者购买商品和获得服务的主要场所，是连接消费者和商品服务的核心载体，因此业态的创新和门店的优化也是企业需要去探索的重要方向。

1. 店铺的升级和改造

现有店铺的升级和改造有利于帮助门店更加合理地利用店内空间，也可以通过新的设备来提升经营效率和消费者体验。罗森的“千日计划”预计现有的商品提供数量将提升 10% 至 3500 个，以更好地满足消费者多元化的需求。为了日本 5000 家店铺都能实现商品供应的扩容，罗森计划投入 50 亿日元来对店内的固定设备进行升级。同时，为了能够提升约 25% 的生产效率，罗森计划对店铺系统进行升级，在运营终端的替换、半自动点单系统、无纸化等多个方面进行投入。

2. 多种业态

为了丰富消费者的购物选择，应对更加细分的需求，便利店企业也开始注重多种业态的创新性尝试。以罗森为例，罗森推出了包括 Natural Lawson、Lawson 100 等在内的多种新型业态。Natural Lawson 主打美妆和健康商品，使消费者拥有更加“美丽、健康、舒适”的生活方式；Lawson 100 是罗森推出的百元店，店内商品采用统一价格，目标客户是老年人和小型家庭，主要售卖多种类型的新鲜水果蔬菜以及小包装的商品，旨在为消费者提供一个省钱且简单舒适的购物环境。

3. 更加多元的服务融入

便利店作为区域性的消费者入口，具有以地理区域为中心拓展多元业务的可能性。罗森致力于通过多元化的服务成为日本社区第四大基础设施，为了落实这一目标，罗森与当地的健康管理企业合作，成立新的综合便利店，为老年人提供专门的咨询窗口。全家也在与药店合作，旨在扩大便利店的医药品项目，为老年人提供一些简单的医疗服务。

（三）以数字化为核心助力便利店企业重塑价值链

德勤中国数字化的研究显示，中国零售市场的市场趋势和消费者趋势以及中国独特的数字化环境正在驱动着中国零售行业的转型升级。中国具有独特的数字化环境，数字化进程的不断深入已经对零售行业的多个方面产生了深远的影响（见图 2）。

图2 中国独特的数字化环境

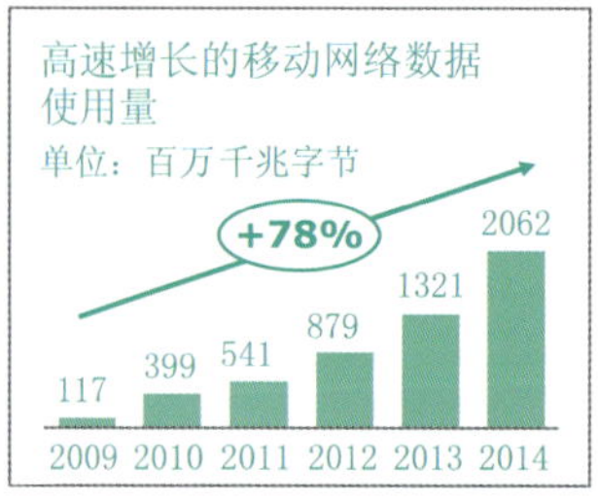

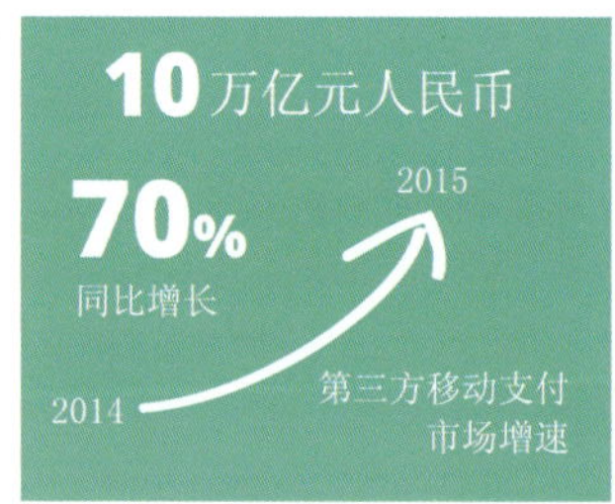

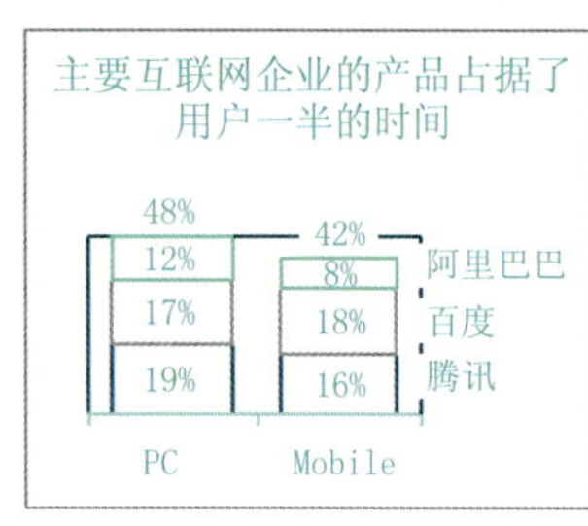

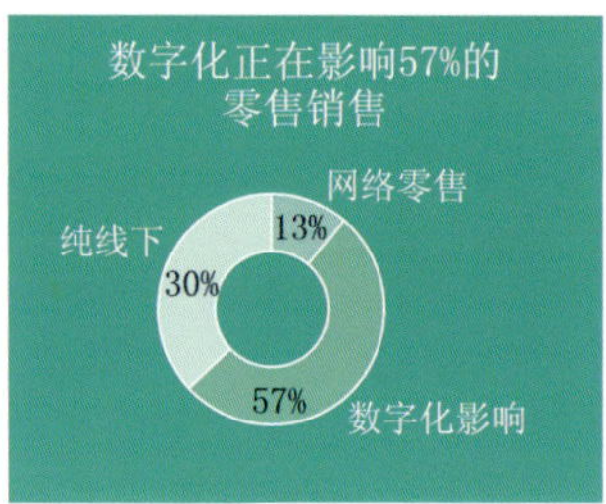

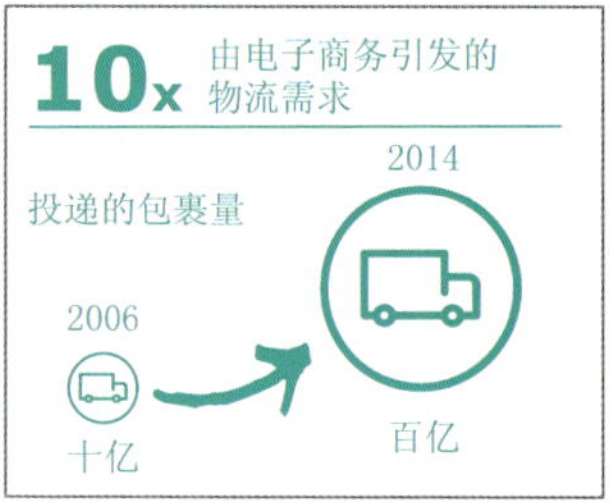

资料来源：德勤中国数字化。

基于行业的变化以及中国独特的数字化环境，德勤总结出在新的市场环境中取胜所需要关注的三个核心维度——数字化全渠道、数字化供应链网络以及零售分析（见图3）。这三个维度通过强化消费者触点，用数字化手段整合和优化供应链，并结合系统性的零售分析方法，来实现价值链的优化和协同。

图3 德勤零售转型三维度

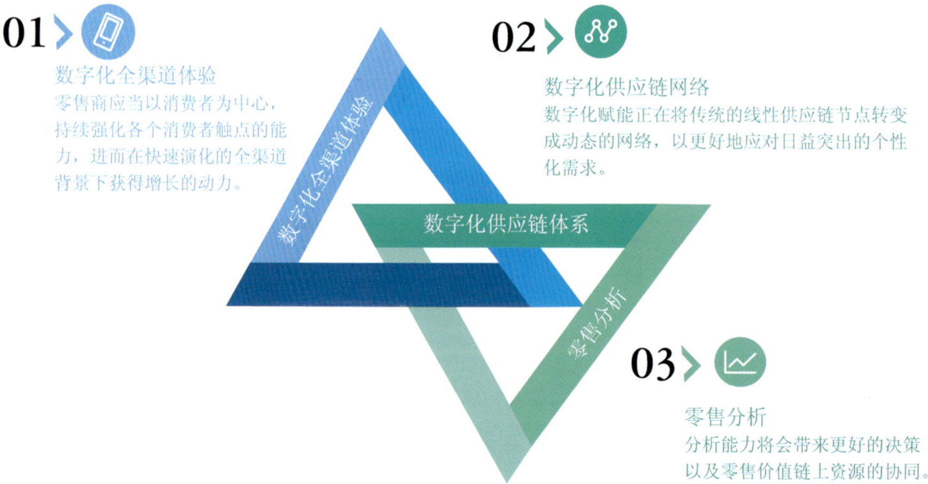

资料来源：德勤中国数字化。

1. 数字化全渠道体验

新的零售生态下，消费者成为整个生态体系的中心，零售商需要建立与消费者无缝、持续的连接，通过无处不在的消费场景和互动通路，持续为消费者提供优质的购物体验，并且在这个过程中，不断提升企业在零售核心问题方面的能力（见图4）。

图4 消费各个阶段中与数字化载体的互动方式

消费阶段

产生需求	浏览 / 搜索	挑选 / 验证	购买	退换 / 服务
53%的消费者选择使用搜索引擎。 **38%** 的消费者选择通过社交媒体获取产品信息。	**55%** 的消费者使用第三方产品对比网站进行搜索和研究。 **54%** 的消费者在去实体店之前会提前浏览其官网。 **36%** 的消费者通过社交网站获取反馈。	**50%** 的消费者通过社交媒体从朋友、亲人处获取产品使用推荐。 **49%** 的消费者会在该阶段阅读网上的产品评价。	**41%** 的消费者选择在网上完成购买，然后通过送货到家或者自提的方式获取产品。	**48%** 的消费者希望通过智能手机或台式 / 便携式电脑来发起退货或者退款申请。

资料来源：德勤《跨越数字化鸿沟》。

针对目前中国的消费趋势和数字化环境，德勤认为企业在进行全渠道建设的过程中，需要关注数字化体现、商业和服务三个主要方面，进而提升在这三个方面的零售能力（见图 5）。

图5 全渠道重点领域

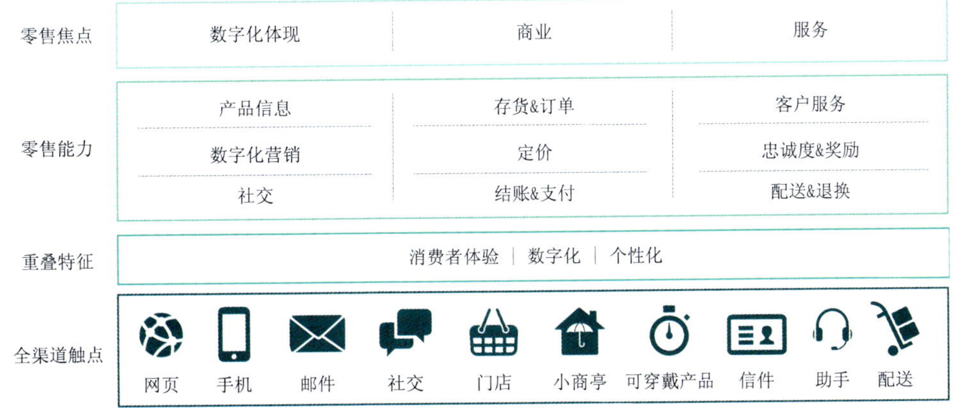

资料来源：德勤中国数字化（数字化对产品本身的影响 / 供应链纵深）。

2. 数字化供应链网络

在新的零售生态下，科技进步将驱动整个供应链系统的转型，传统的线性供应链将逐渐演变成动态的网状供应链体系（见图 6），供应链的各个节点之间可以通过数字化核心实现互联互通，数据的无缝对接和流通将使得各个节点能够对数据做出及时的调整和反馈，从而使整个供应链体系对消费者需求有更加明确和清晰的了解，也使得供应链的各个环节能够围绕消费者需求进行更加高效、精准、个性化的运营，在提升整体效率的同时更好地满足消费者需求。

图6 数字化网状供应链演变

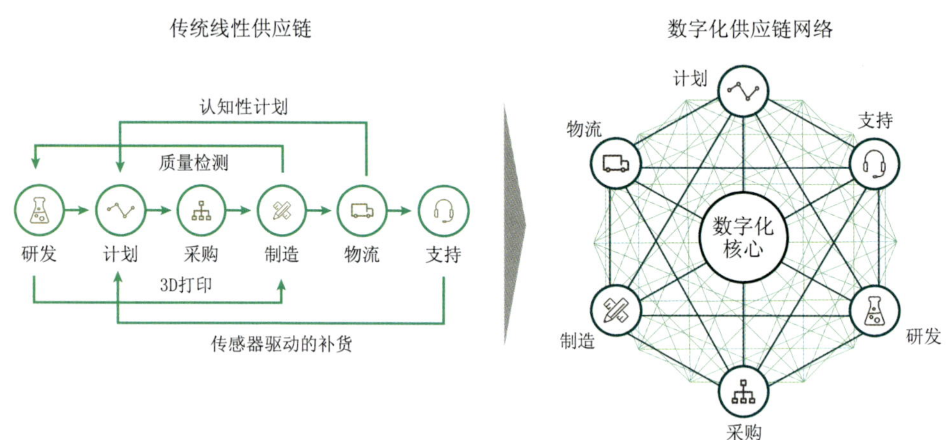

资料来源：德勤中国数字化。

对于便利店企业来说，供应链管理是企业的核心内容之一，不仅关系到企业能够提供什么样的商品来针对性地满足消费者的需求，同时也关系到配送网络的建设、门店管理等日常经营的核心环节，因此利用数字化手段使得供应链的各个节点形成网状互联，对便利店供应链的管理具有深远的意义。

3. 零售分析

零售数字化转型不仅需要硬件的串联，还需要结合成熟的理论和分析方法来对各个环节进行优化，从而提升零售企业整体的经营业绩，并且最大化客户价值。德勤根据客户服务经验得出了完整的方法论，从市场洞察、制造及采购配送以及销售和服务三个主要方面进行深入（见图7）。

图7 零售分析助力价值链协同

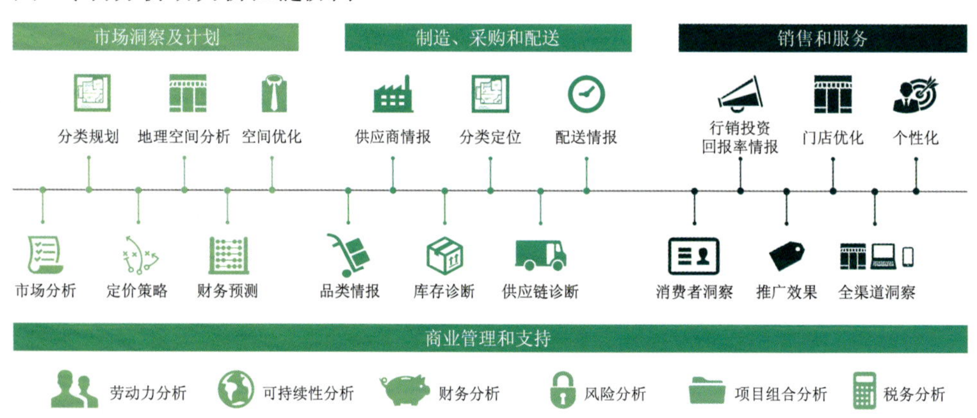

资料来源：德勤中国数字化。

通过这样的分析，企业将得到更加前瞻的洞察以及针对性的行动建议。德勤的零售分析法希望改变传统零售商业的分析模式，从对历史和现状进行分析，转变到对未来的探索、预测和模拟，从而针对未来可能出现的情况进行优化。对于便利店企业来说，类似的分析方法能够帮助企业在数字化转型的过程中更具前瞻性和系统性，在促进效率的同时，更加精准地满足消费者需求，大大提升便利店企业的竞争力。

三、便利店行业的重构者是谁？

便利店行业持续稳定的发展以及近期政策、资本的推动正使得越来越多的“局外人”开始介入便利店行业，其中不仅有阿里巴巴、京东这样的电子商务企业希望通过涉足便利店来推进全渠道的布局，也有像娃哈哈、来伊份这类的知名品牌企业希望通过无人便利店等模式拓展直营的零售渠道。在科技的推动下，行业发展的方向开始变得更加多元，新的介入者有可能成为重构行业的重要力量。

（一）电子商务企业布局线下

随着新零售时代的来临，线上线下融合的趋势正成为影响便利店发展的重要因素。为了更好地聚拢线下便利店资源，阿里和京东分别推出了零售通和便利店智慧管理系统，通过资源的整合和数字化手段，帮助便利店实现经营业绩的提升。

以阿里巴巴推出的零售通为例，零售通旨在与品牌商、经销商一起共建智能分销网络，把分销商体系低成本、高效率的仓、配、人共享给整个快销行业，让品牌商可以更高效、精准地覆盖分销网络，也让数以百万计的单打独斗的杂货店获得全渠道服务和数据支持。电子商务企业对线下便利店的赋能将实现资源的进一步整合和优化。

- **更全面更深入的消费者覆盖**。通过服务便利店来获取数量庞大的便利店资源，能够帮助电子商务企业实现对线下消费者更加全面的覆盖，而地处村镇的店铺更是能够帮助电子商务企业快速实现渠道下沉。
- **高频交易数据的获取以及线上线下的进一步打通**。低价、高频的交易特点使得便利店产生大量的交易数据，电子商务企业通过覆盖便利店能够同时获取这些数据，并推进线上线下数据的打通。
- **物流网络的完善**。便利店的门店可以成为电子商务企业在线下的物流节点，对于完善物流网络和提升最后一公里体验来说至关重要。

（二）新型零售物种加速繁衍企业布局线下

随着零售行业转型的不断推进，2016 年以盒马鲜生为代表的新型零售物种快速落地，凭借着互联网化的经营理念、线上线下的全渠道布局、零售与餐饮的跨界融合、供应链的整合以及背后资源的强力支持，成为市场的有力竞争者。到了 2017 年，零售业便进入了新物种加速繁衍的疯狂时期。据不完全统计，仅 2017 年以来诞生的新物种就有天虹 sp@ce、新华都海物会、步步高鲜食演义、百联 RISO、美团的掌鱼生鲜、世纪联华鲸选等。这些零售新物种的出现意味着零售业态的界限正在变得模糊，同时服务内容也正变得更加多元（见表 2）。

表 2 便利店与主要新物种对比

	便利店	盒马鲜生	超级物种	永辉生活
品类及模式	速食、日配、加工食品、杂货等	零售 + 餐饮 + 线上 + 配送，生鲜品类为特色，SKU 较便利店更多	零售 + 餐饮 + 线上，生鲜品类为特色，SKU 较便利店更多	类似目前便利店，但是主推生鲜品类，线上 + 线下
面积	数十平方米 ~ 100 多平方米	4000 多平方米，盒马集市近 10000 平方米	500 平方米左右	200 平方米左右
线上业务占比	各有差异	50% 以上	约 10%	-
运营模式	加盟 / 自营	自营 + 联营	合伙人模式	合伙人模式
配送	借助第三方，不确定性较大	3 公里以内，最快 30 分钟送达	优化中	优化中
支付方式	多种支付方式	支付宝为主，现金为辅	多种支付方式	多种支付方式
店铺数量及开店计划	每家企业数百到数千家店铺不等	未来计划开出 50 家以上	2017 年计划开店 25~50 家	已拥有超过 50 家门店

资料来源：根据公开信息整理，德勤研究。

（三）多元服务商涌现

科技的发展和行业的转型下涌现出了多种类型的服务商，试图通过对消费场景的改造以及供应体系的重塑来重构行业现有的结构，进而成为资源的整合中心或是核心技术的提供商，在提升整个行业效率的同时，实现资源的聚合。

1. 无人便利店

在 2017 年 7 月第二届淘宝造物节上，阿里的无人便利店——“淘咖啡”正式亮相。在此之前国内已经有很多企业涉足无人便利店，其中缤果盒子和深兰科技的无人便利店已经进入商用，一些大企业也公布了对无人便利店未来的发展规划。无人便利店拥有购物效率更高、运营成本更低和方便快速复制等优势，但目前在盈利模式、技术成熟度和信用安全等方面仍然存在许多问题。

2. 经营及管理资源的整合和输出

零售产业转型升级的需求也催生了一批以技术服务、资源整合为着力点的新型零售服务商，希望通过对供应链资源的整合优化和对门店的经营管理优化来帮助便利店提升经营业绩（见表 3）。

表 3 零售服务平台对比

闪电购	拼便宜
希望搭建支撑整个城市的一小时城市终端网：仓储配送能力、货品结构以及线下线上运营能力，三位一体。（新零售基础服务中台）	通过算法建立的中小型便利店智能采购平台，目的在于优化便利店的库存积压、采购成本高昂、商品过期耗损等问题。
中商惠民	**爱便利**
智能终端“惠付通”，集商家订货系统、全面结算系统、网上超市、便民服务等功能于一体，可利用后台数据盘点库存，提升库存周转率。	以 B2B（扁平化供应链）+CVS（连锁便利店）+O2O（社区深度服务）为核心的社区零售生态业务体系。整合线上线上各种资源，线上线下互联互通，为社区提供更快速的上门到家服务。

资料来源：根据公开信息整理，德勤研究。

不同企业虽然侧重点不同，但是本质都是作为联通整个链条的平台和纽带。以闪电购为例，闪电购通过聚合流量、运力、供应商、店铺管理等方面的资源和技术，通过一键接入的方式赋能便利店，实现商品和供应链、便利店、物流及消费者的互通（见表 4）。

表 4 闪电购平台

一键接入 多平台流量	一键接入 多平台运力	一键接入 多类优质供应商	一键完成 店铺管理
淘宝便利店	顺丰	易果生鲜	世纪联华
饿了么	点我达	面包新语	花城·生活超市美
百度外卖	蜂鸟配送	良品铺子	宜佳
美团	达达配送	久久丫	夏商集团
闪电购			
流量管理平台	物流管理平台	供应链管理平台	店铺管理系统

资料来源：根据公开信息整理，德勤研究。

新型零售服务商虽然与电子商务企业的服务模式存在一定的重合性，但是由于中国便利店市场的分散性和成长性，新型服务商和电子商务企业有望从多维度、多地域共同推进中国便利店行业的转型升级，帮助广泛分布的夫妻老婆店等传统的小型零售业态在供应商管理、客户管理、店铺管理等方面更进一步，转型成为能够更加精准、高效服务消费者的新型现代化便利店。

鸣谢

阿里巴巴集团副总裁、阿里研究院院长高红冰；阿里研究院副院长、研究员杨健；阿里研究院高级专家潘永花；阿里研究院资深专家谢周佩；阿里研究院专家吕志彬。

张天兵 | 德勤消费品及零售行业领导合伙人 tbzhang@deloitte.com.cn
陈　岚 | 德勤研究总监 lydchen@deloitte.com.cn
李　铭 | 德勤研究消费品及零售行业研究员 alarli@deloitte.com.cn

国有
私

在大宗商品价格下跌、环境问题日趋严峻以及技术必要性等全球趋势的共同驱动下，中国油气行业改革已不仅关乎国内问题。中国石油天然气改革势在必行，但也带来诸多挑战，是中国顶层设计者面临的最棘手任务。鉴于油气资产的重要战略地位以及相关改革的复杂性，我们不应指望改革一蹴而就或是随意展开，而是会有条不紊地逐步进行。

油气体制改革破冰

文 / 郭晓波　Christopher Roberge　屈倩如

中国油气行业改革已不仅关乎国内，也将影响大宗商品价格、环境问题以及技术必要性等全球趋势。鉴于油气资产的重要战略地位以及相关改革的复杂性，改革不可能一蹴而就。

改革势在必行，但各种复杂关系交织——地缘政治与经济、国际国内市场波动、国有制与私人投资者之间的不同利益——使其成为顶层设计者面临的最棘手任务。因此，2017 年 5 月[1]出台的《关于深化石油天然气体制改革的若干意见》（以下简称《意见》）体现了油气改革试验性、渐进性的总体思路。

一、改革意见及影响

此次改革旨在推动产业市场化，调整产业链价值分配。《意见》提出了贯穿油气产业链的八项重点任务，如表 1 所示。

表1 油气产业链的八项重点任务

任务	涵盖内容	待明确的问题
1. 勘探开发	探矿权采矿权招标制度；退出机制	勘查资质的具体要求；国有油气公司让出的区块质量要求
2. 进出口管理	进口管理；出口政策完善	针对独立炼油公司的出口许可证
3. 管网改革	管道独立，管网公平接入	独立国有管道公司
4. 下游竞争	更加严格的质量、安全、环保和能耗等技术标准；刺激天然气需求	城市输气管道接入与运营模式（建设 - 运营 - 移交）
5. 定价机制	成品油定价机制；天然气价格市场化；交易平台；管道收益	多个交易平台的职责与分工
6. 国有油气企业改革	企业法人治理结构；混合所有制；重组	重组与混合所有制改革的时间安排
7. 油气储备	社会投资；原油储备；天然气储备	天然气储备基础设施建筑公司应具备的资质
8. 环保与安全	全过程监管；安全体系，风险管理	—

资料来源：德勤研究分析。

（一）勘探开发

勘探开发是石油天然气行业的基础，是资本最密集、利润最丰厚的垄断领域。中石油、中石化与中海油共拥有 96.7% 的油气探矿权登记面积，以及 99.2% 的油气采矿权登记面积[2]。

《意见》指出，政府将逐步放开探矿权和采矿权，由登记制改为投标制，放宽对勘查开采开发资质的限制，提高持有成本并严格控制探矿权退出机制，建立探矿权和采矿权出让制度。

未来，三类石油天然气公司有望获得陆上常规油气勘查开采机会：

- 油气资源富饶省份的省级国有油气企业。
- 拥有海外资产以及海外勘查经验的民营油气公司。
- 拥有国内油田服务经验的石油服务公司。

国有石油企业获取勘查权的成本将会增加。随着改革深入，其股东架构也会发生变化，对生产、运营及管理造成冲击，企业需就此做好应对准备。

外资油气企业可以通过与国内企业成立合资公司，参与常规油气资源的勘查开采。但鉴于中国复杂的地质条件以及有限的石油天然气资源，外国油气公司参与上游开采的市场有限。

（二）进出口管理

进出口改革对炼油公司产生的影响最大。政府计划制定相关制度，更积极地监督国有油气公司和独立炼油公司等配额持有者的原油进口。

目前进口管制已经开始放松。自 2015 年起，独立炼油公司可以获得一定的进口配额，并且能够进口原油。这些公司进入市场对国有炼油公司产生了一定压力，推动国企提升自身效率。然而在新的制度下，独立炼油公司可能面临更为严格的监督审查，包括是否遵守所有税法规定。

政府还计划完善出口政策。目前的成品油出口配额仅发放给中石油、中石化、中海油以及中化四家国企。2016年年底未能获得出口配额的独立炼油公司期盼重启石油产品出口。

进出口改革将推动贸易与销售市场开展更多市场化变革，有助于形成一个能够更准确反映石油价格的市场。

（三）管网改革

《意见》指出，中国计划逐步推进大型国有油气企业的管网业务拆分，进一步向第三方市场主体开放石油天然气管道网络。

管网拆分打破垄断是中游领域改革中最热门的话题。大型油企成立管道公司进行业务拆分意味着管网改革逐步启动。2016年11月，中石油拆分其天然气销售业务与管道业务。然而，由于改革影响重大，我们认为短期内成立独立国有管道公司的可能性不大。

石油天然气管道、油码头、液化天然气接收站以及省内与省际网络均处于分散状态，导致竞争不足和资源浪费。尽管面临诸多挑战且改革步伐缓慢，但向第三方市场主体公平开放将有助于新资本进入石油天然气领域。

同时，扩大基础设施接入将降低运营商成本。例如，允许第三方市场主体接入国有石油公司的液化天然气接收站以及放开管道网络，能够推动天然气运营商以较低价格实现供应渠道多元化，从而积极推动需求。总而言之，促进竞争能够提高效率。

（四）下游竞争

政府计划制定更加严格的炼油产品质量、安全、环保和能耗等方面的标准，还计划更好地管理新进入炼油领域的企业，加快淘汰落后产能，减少过剩产能。

《意见》还提出，开展天然气输送市场公平竞争，促进天然气使用。对此，城市天然气输送市场是否将实行新计划仍有待讨论。

过去十年中国城市天然气管网迅速扩大，并将随城市化继续扩展。众多天然气公司中，许多由中央和／或地方政府机构拥有或者与之关联，加速了管网的扩建。2015年中国仅有35%的大中型城市（2.4亿人口）接入管输天然气，城市天然气具有巨大的潜在服务市场。

（五）定价机制

中国计划完善成品油价格形成机制，发挥市场决定价格的作用，但也将保留政府在价格异常波动时的调控权。这是一项艰巨的任务。中国将推进非居民用气价格市场化，进一步完善居民用气定价机制。同时鼓励发展油气交易平台，最终实现市场化价格。

中国的石油天然气市场目前处于不同发展阶段。石油定价机制比天然气价格波动更频繁，因此更能反映全球油价，尽管价格变动仍由政府决定。油价改革的下一步将是降低政府在价格形成中的作用，尽管2017年不可能实现，但政府的作用会逐步削弱[3]。

限制中国天然气发展的主要因素是气价偏高。在不考虑环境成本的情况下，天然气的价格远高于煤炭。针对天然气市场，政府采取的下一步措施将是降低管输价格，取消终端用户的交叉补贴。

（六）国有油气企业改革

大型国有石油公司将继续逐步引入混合所有制，完善企业法人治理结构并通过重组方式精简运营。但由于大型石油企业盘踞上游和中游市场，尽管混合所有制改革已经开始，目前对油气市场的影响仍较为有限。

政府鼓励工程公司和油气装备制造商作为独立企业运营，我们预计大型国有石油公司的专业化业务重组将增多。中石油未来 2~3 年将重组其庞大的业务部门，成立 3~4 家公司专营油田钻井、炼化工程和金融服务，目标是在不久的将来完成这些公司的上市[4]。

（七）油气储备与输送

政府计划保障油气供应，建立同时服务政府与民营企业的储备体系。此外，还计划完善投资机制，鼓励民营资本进入储备领域，提升储备能力。

《意见》出台后，政府又于 2017 年 7 月 19 日公布了新规草案，拟将最低原油输送及存储的储备容量要求从 50 万立方降至 20 万立方，成品油输送及存储的储备容量从 20 万立方降低至 2 万立方。专家与交易商认为这些要求接近行业平均水平[5]。

企业进入国内输送及储备行业的监管有所宽松，可能会刺激民营油气储备容量增长，提升流动性，进而推进中国推出本国的原油期货合约这一长远计划的落实。

（八）安全与环保

中国计划提升全产业的安全清洁运营能力。加强油气开发使用的全过程安全监管，完善风险应对和防范机制。

炼油领域将受到严格监管，尤其是中小型炼油公司。作为独立炼油公司最多的省份，山东已经开始迎来政府派遣的环境部门官员与专家小组，接受常规但不定期的环保安全检查。自 2017 年 7 月中旬起，山东约有 30 家独立炼油公司以及不确切数量的多家化工厂被关闭[6]。其中部分未能恢复运营，因为升级成本使他们无力与进口产品竞争。

二、*经济基本驱动力*

了解基本经济驱动力有助于我们预测中国石油天然气改革的发展方向以及速度。我们认为低油价环境与中国的结构性改革是两大关键驱动因素。

图1 布兰特与WTI预测（单位：美元/桶）

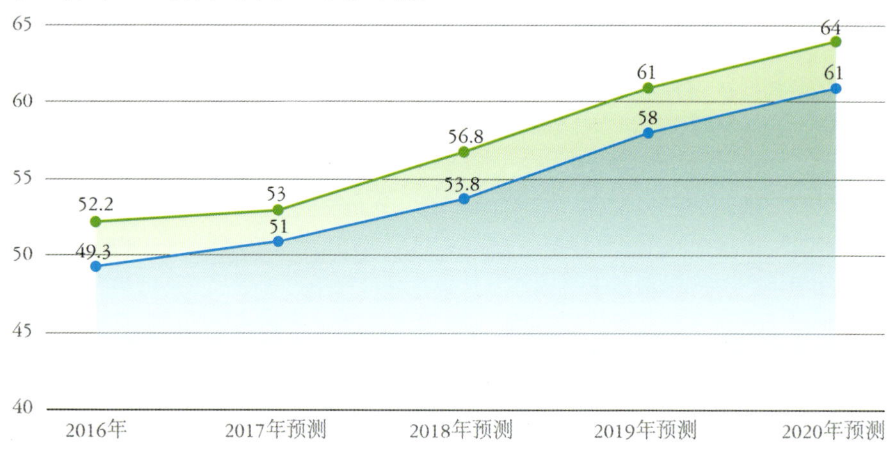

资料来源：彭博，德勤研究。

（一）低油价环境

油价反弹的时间很难预测，但低油价有可能成为新现实（见图 1），并通过以下方式推进中国的油气改革。

- 允许独立炼油公司进行原油进口。
- 提供燃料价格改革机会。
- 为天然气行业同时带来机遇和挑战。
- 推动中国油气公司变得更加强大。

随着全球油价持续跌破 50 美元 / 桶，中国油气公司比国际同行面临更多挑战，因为中国许多油气井的生产成本高于国际生产价格[7]。在此背景下，国有油气企业必须学会如何在较低价格的市场环境中运营，重新重点关注资本与运营成本。此外，国有油气企业对私人投资者的开放程度将越来越高，以便改善现金流、提升效率。

（二）中国的结构性改革

未来十年，中国不可能继续保持过去十年的高速发展，但由于消费繁荣和民营投资的支持，中国仍能保持乐观前景。

向消费驱动型模式转型不能抵消投资放缓的影响，但却势必转变能源消耗模式。居民及运输部分的能源需求将增长，而工业和商业能耗的比例将下降。

从短期和中期来看，中国经济转型面临的最严峻问题在于去杠杆的影响。中央政府通过引入混合所有制推进改革，以期减少公司债。此外，随着信贷成本日益增加，企业纷纷寻求各种途径从经营业务中获取更多资金以偿还借款或避免承担新的贷款。

三、*展望*

基于以上对宏观趋势的分析，我们认为石油天然气行业将呈现乐观前景。

（一）天然气将发挥更重要的作用

改革将助推天然气市场增长，原因有二：一是天然气更便宜；二是天然气更清洁。天然气将发挥更大作用，助推中国实现能源供应多元化，应对环保挑战。

中国计划将天然气占一次能源消费结构的比重从 6% 提高到 2020 年的 8.3%~10%。为实现这一目标，政府已决定向第三方市场主体开放基础设施，降低储备容量门槛，并向拥有 50 万居民人口的所有城市接入天然气管道[8]。预计 2017 年 -2026 年期间，中国的天然气需求将以年均 6% 的速度增长，增速最快的仍将是居民用气（见图 2）。国际能源署近期发布的一份报告称，中国将是全球天然气消费增长的主要推动者，预期到 2022 年中国的天然气消费将是目前使用量的 5 倍[9]。

图2 中国天然气需求增速高于石油、煤炭和可再生能源

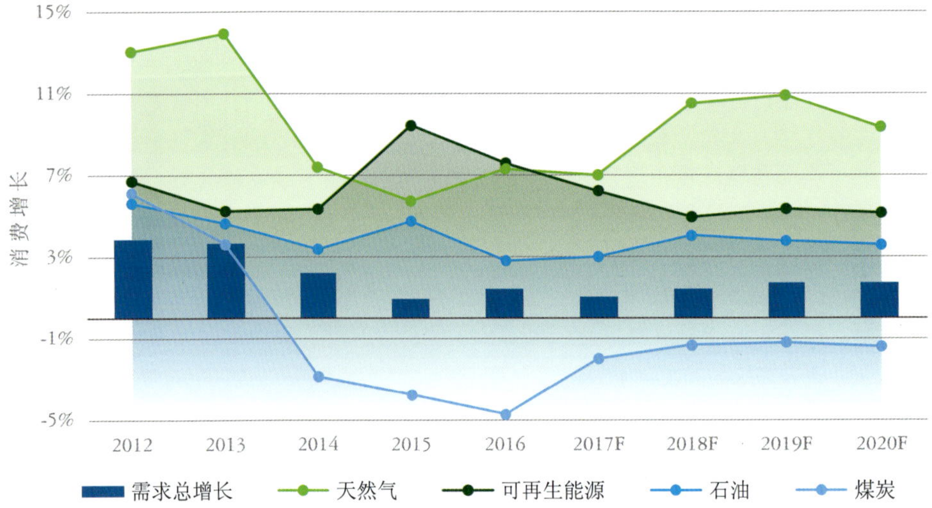

15%
11%
7%
3%
-1%
-5%
消费增长
2012 2013 2014 2015 2016 2017F 2018F 2019F 2020F
需求总增长 天然气 可再生能源 石油 煤炭

资料来源：国家统计局，国家能源局，经济学人智库，德勤研究。

（二）海外投资仍将持续

2017 年 -2020 年中国整体能源需求将以每年 2%~3% 的速度稳定增长，但随着国内石油产量下降，进口与海外投资必然会进一步增多。因此，中国将继续支持国有石油公司投资海外石油天然气田，并向能够以石油还贷的生产国提供贷款。中国将从此前投资中总结经验，对投资活动实施更严格的管控。

包括国有和民营在内的中国油气企业都在积极响应“一带一路”倡议。上游主要参与的是石油天然气田，下游则是炼油、化工或市场推广项目。

（三）技术

尽管历史悠久，但油气行业可以说是最受技术驱动的行业之一。水平井钻井与水力压裂开采技术已推动油价从 2008 年的历史最高 145 美元 / 桶下降至如今的 50 美元 / 桶。油气供应能够更快适应市场情况，削弱了石油输出国组织影响全球油价的能力[10]。

《意见》多次提出，中国计划提升供应能力、效率及产品质量。技术将助力石油公司提高生产效率及灵活性。

- 更为智能地管理复杂系统，有助于公司在较为复杂的地质环境中仍能保持高效的油气钻探。
- 采用数据分析更易于发掘石油天然气，进行生产管理，而预测性维护能够减少意外宕机。
- 移动应用与移动支付为客户在加油站提供个性化购物体验，并能建立忠诚度。
- 诚然，变革不可能一帆风顺。随着技术革命的展开，基础设施、人才和网络安全方面出现的新挑战亟待解决。

（四）“瘦身健体”的国有油气企业

现代公司制度将政府的行政管理和企业经营分离，并剥离社会责任，这促使国企如同其他企业实体一样，实现高效运作。

国企股东结构多元化是中国 2017 年期望实现的主要目标之一。随着民营资本的进入，中石油、中石化与中海油三大国有石油公司将迎来更多重组。

此外，2017 年上半年，这三大国有石油企业均发布了高于预期的业绩。他们将重点关注公司价值，将债务保持在合理的水平，并持有充裕现金流以应对市场变化及波动。

四、结语

我们正进入重视经济质量而非速度的时期，政策制定者与企业领导需要应对低价能源带来的影响。中国的油气改革将会逐步深入，实现社会需求和经济需求之间的平衡。大众对改革意见中提出的八项任务并不陌生，且部分任务已经开始落实。未来随着更多改革措施的推进，我们预计天然气将发挥更重要的作用，油气海外投资持续并响应“一带一路”倡议，技术推动创新，国有油气企业实现“瘦身健体”。

郭晓波 | 德勤中国能源与资源行业领导合伙人 kguo@deloitte.com.cn
Christopher Roberge | 德勤中国石油与天然气子行业领导合伙人 chrisroberge@deloitte.com.hk
屈倩如 | 德勤研究石油与天然气行业研究员 jiqu@deloitte.com.cn

尾注

1. China unveils market reform for oil and gas industry, Xinhua, 2017-05-22 http://news.xinhuanet.com/english/2017-05/22/c_136302954.htm.
2. 刘应红，徐东，唐国强 . 油气市场准入改革对国有大型石油石化企业的影响——对《关于深化石油天然气体制改革的若干意见》的解读 [J]. 天然气工业，2017,37 (7).
3. China changes track: analysing the Asian giant’ s oil and gas reforms, Offshore Technology, 2017-08-28 http://www.offshore-technology.com/features/featurechina-changes-track-analysing-the-asian-giants-oil-and-gas-reforms-5885236/.
4. No big bang, but quiet reforms reshaping China's oil and gas sector, Reuters, 2016-05-11 http://www.reuters.com/article/us-china-reform-energy/no-big-bang-but-quiet-reforms-reshaping-chinas-oil-and-gas-sector-idUSKCN0Y22RH.
5. China drafts new rules for oil storage industry, Reuters, 2017-07-19 https://www.cnbc.com/2017/07/19/reuters-america-update-1-china-drafts-new-rules-for-oil-storage-industry.html.
6. China's war on smog chokes Shandong industries, smokes out fuel kiosks, Reuters, 2017-09-13 https://www.reuters.com/article/us-china-environment-shandong/chinas-war-on-smog-chokes-shandong-industries-smokes-out-fuel-kiosks-idUSKCN1BO0BO.
7. China – Oil and Gas, US Commercial Service, 2017-07-25https://www.export.gov/apex/article2?id=China-Oil-and-Gas.
8. China plans to expand oil, gas pipeline networks, Xinhua, 2017-7-12 http://news.xinhuanet.com/english/2017-07/12/c_136438633.htm.
9. Gas 2017, IEA https://www.iea.org/Textbase/npsum/gas2017MRSsum.pdf.
10. The next energy revolution:The promise and peril and high-tech innovation, David G. Victor and Kassia Yanosek,2017-06-3https://www.brookings.edu/blog/planetpolicy/2017/06/13/the-next-energy-revolution-the-promise-and-peril-of-high-tech-innovation/.

数字经济基于虚拟环境、海量信息、个性形态、跨界融合、复杂关系等特征，呈现出高度的复杂性。在这种环境下崛起的平台经济，在快速发展的同时，亦引发了一系列新现象、新问题。

平台经济新治理

文 / 周锦昌　李美虹　张凌霄

随着数字技术的飞速发展，平台经济迅速崛起，昭示商业和管理的巨变。互联网技术推动了平台经济的发展，而平台经济呼唤着创新的平台治理。改变传统的监管思维，创新顺应时代变化的治理体系，已经刻不容缓。

本文提出平台经济协同治理的三大挑战：权益保护、合理税收和公平竞争。建议在治理层面，对尚处于初级阶段的平台经济，应将鼓励创新与发展作为治理的首要目标，其监管应体现出足够的包容性和审慎性，从战略和立法层面保护国家的创新能力，引领全球数字经济发展。

一、平台经济加速渗透社会生活

（一）平台经济全面渗透经济社会各个领域

随着数字技术的飞速发展，平台经济迅速崛起，互联网平台已成为新经济的引领者。2016年中国电子商务交易额超过20万亿元，网民7.1亿，互联网普及率达到51.7%。截至2017年12月，全球十大平台经济体市值已超过十大传统跨国公司，其中中国占三席（见表1）。时至今日，平台经济正为中国经济营造出更多欣欣向荣的发展场景，我国在经济转型的过程中，须认真研究平台经济的特征和规律，推动其发展。

表1 十大平台经济体vs.跨国公司

平台经济体

名称	国家	市值（亿美元）	成立时间
苹果	美国	8986	1976
谷歌	美国	7396	1998
微软	美国	6597	1975
亚马逊	美国	5630	1995
Facebook	美国	5149	2004
腾讯	中国	4938	1998
阿里巴巴	中国	4459	1999
Priceline.com	美国	866	1998
百度	中国	832	2000
Netflix	美国	822	1997

跨国公司

名称	国家	市值（亿美元）	成立时间
伯克希尔哈撒韦	美国	4876	1956
强生	美国	3764	1886
摩根大通	美国	3728	1859
埃克森美孚	美国	3558	1882
富国银行	美国	3031	1852
沃尔玛	美国	2909	1962
雀巢	瑞士	2650	1867
美国电话电报公司	美国	2391	1877
宝洁公司	美国	2337	1837
通用电气	美国	1518	1892

注：市值基于2017年12月22日收盘价格计算。
资料来源：公开资料、阿里研究院、德勤整理。

随着数字技术的普及，以互联网为代表的平台经济加速发展，催生了新一轮平台经济浪潮。平台经济在互联网时代获得了全新的规模、内涵与影响力。平台经济将会延伸至更多领域，并向传统经济加速渗透（见图1）。

图1 平台经济范围

电商类
B2B、B2C、C2C……（敦煌网、亚马逊、微商）

文娱类
网游、电影、音乐、文学……（优酷、时光网）

共享类
闲置、房产……（闲鱼、小猪短租、Airbnb）

社交类
社交、直播、微博……（微信、斗鱼、知乎）

约车类
拼车、打车、租车……（滴滴打车、UBER）

服务类
健康、体育、咨询、旅行、教育、法律、招聘……（春雨医生、途牛、百动、部落网、智联招聘）

搜索类
引擎、推送……（百度、今日头条、360搜索）

工具类
浏览、翻译、统计、下载……（UC、有道、友盟）

技术支持类
云计算、数据中心、运营……（阿里云、AWS）

门户类
综合、生活、个人……（新浪、58同城、佳缘）

物流类
物流平台（菜鸟、传化、卡行天下、货车帮）

互联网金融类
支付、P2P、基金、众筹……（比特币中国、余额宝、人人贷、众筹网、陆金所、支付宝）

资料来源：阿里研究院。

互联网平台经济中，平台、消费者、服务商共同构成了网状协作。平台是整个生态系统的基础，为消费者和服务商提供信息、交易、物流等基础设施。海量的消费者和服务商是平台经济体的主体，通过平台完成信息交换、需求匹配、资金收付、货物交收等经济活动。平台经济的参与者能够互相影响、协同治理、相互合作，进而为创造更大的价值提供可能性。

我们预计，2030年中国平台经济规模将突破100万亿元。为了衡量平台经济对未来中国经济和社会的影响，我们通过测算电子商务平台交易规模（B2B、B2C、C2C）、互联网平台营收、平台推广、平台游戏等平台类业务的产值，预估2030年中国整体平台经济规模可达100.4万亿元人民币。未来随着高端芯片、量子芯片、人工智能、物联网、工业互联网、5G、AR/VR、区块链等技术的发展，平台经济将以更迅猛的速度发展，更深更广地影响和渗透经济社会。

（二）新经济形态下社会治理体系已发生改变

从更广泛的视角来看，以平台经济为主要代表形式的数字经济已经成为社会创新发展和产业升级的新引擎。中国正在从以物质生产、物质服务为主的工业经济发展模式向以信息生产、信息服务为主的数字经济发展模式转变。在这种新的社会特征下，平台经济的强大在于它消除了交易壁垒，解放了新的供给和需求。由于新经济基础设施的崛起、数据资源的流动与释放、大规模社会化协作体系的出现，共享能力的增强与输出才更为显著。而且这直接造成了平台经济的模式是更多的协同、更多方的参与以及更加开放的经济体系，这与过去工业经济时代的相对单链条的简单封闭模式完全不同，而由此带来的社会生产效益亦是截然不同（见图2）。

从曾经的工业经济时代到如今的平台经济时代，更大的开放体系、更多的社会资源参与、更密集的互联网分布式计算，使得整个商业组织形式发生着翻天覆地的变化。整个平台经济系统全球化互联出现，真正意义的商业智能系统得以应用，人类社会体系也变得更加纷繁复杂。

图2 不同经济模式的社会生产关系复杂度不同

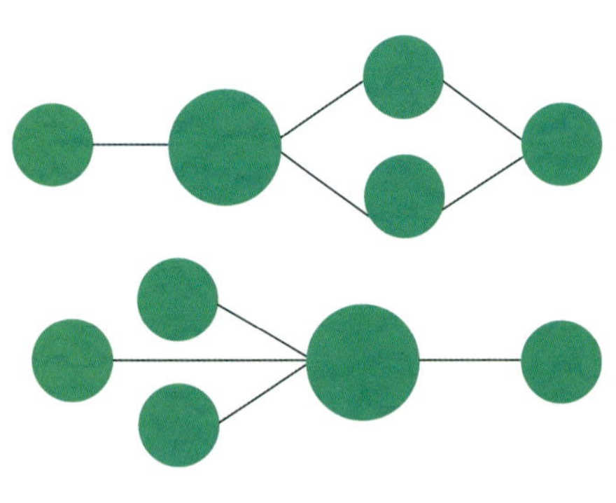

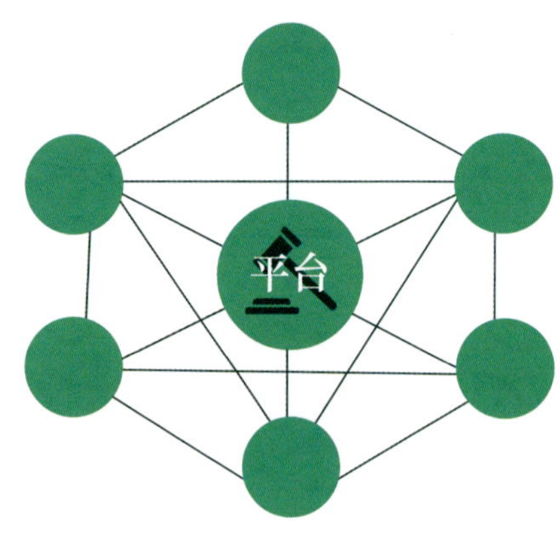

资料来源：德勤研究。

二、治理议题之一：权益保护

（一）消费者权益保护出现的新情况

平台交易的兴起开拓了新的市场领域，给消费者提供了便捷的消费方式，但是也不可避免地加大了消费者受损害的可能性，给消费者保护增添了新的障碍。网络消费者应该享有九种消费者权利（安全权、知情权、自主选择权、公平交易权、求偿权、结社权、获得有关知识权、人格尊严和民族风俗习惯受尊重权以及监督权），但九种权利中的安全权、知情权、公平交易权和求偿权等最容易受到侵害。

挑战一：网络虚拟性带来的权益保护问题。

网络的虚拟性可以掩饰不法分子的欺诈行为，网络这种新型技术也容易被用来创造出新的欺骗方式。与此同时，网络的匿名性却导致准确查明违法行为人以使其承担法律责任的难度增加。因而，一些缺乏自律意识和诚信观念的人便敢于冒险，肆无忌惮地从事不法行为。

挑战二：网络超地域性带来的权益保护问题。

网络的超地域性也加大了市场交易管理的难度。一些在传统的市场交易中不太常见的问题，在电子商务环境下日益突显出来，其中最难以解决的便是消费者保护的国际管辖问题。

（二）平台为保护消费者权益所做的新探索

以淘宝网的规则为例，淘宝在近几年的发展中形成了一套完整的规则，基本上涵盖了在淘宝上从注册到交易完成会遇到的所有问题，并且十分个性化。这些规则与法律的强制性措施不同，紧密地结合了淘宝网交易的特点，以限制性措施为主，并且很少涉及主体的实体权益，主要是对其能够享受的平台服务进行限制，而这些限制之所以有效，是因为这些限制会影响到店铺的实际交易。为打造一个良好的电子商务生态系统，淘宝网在治理结构的多样性方面做出了很多探索和努力，逐步形成了由宣传教育、主动打击、权利人投诉、权利人合作、政府配合、利用系统和规则控制等方面构成的多样性治理结构（见图 3）。

图3 淘宝网治理结构图

资料来源：阿里研究院。

平台既是交易的平台、信息的平台、数据的平台、信用的平台、消费者保护的平台，也是治理的平台。在一个开放的治理平台上，网民才可以充分参与治理过程，成为治理的主角，而不仅仅是被约束者；同时，只有平台化治理，才可以建立起治理的生态系统，使大量第三方专业机构也参与进来，用它们各自的特长为新商业文明的治理贡献力量。

三、治理议题之二：合理税收

税收作为平台经济治理中一项重要的议题，受到生态各利益相关方的关注。如何看待和处理税收问题，以何种理念和目标作为决策指导，面对新业态、新环境，需要有全新的视角。

（一）平台经济撬动巨大税源

平台经济依托繁荣的商业生态系统、开放的基础设施、数据化的生产要素和低成本高效率的信息撮合机制，支撑了大规模协作的形成，激发出前所未有的经济活力。除了自身创造的价值之外，还带动了原材料、设计、生产制造、分销等上游供应链的协同分工和经济增长，促进了电子商务交易服务、电子商务支撑服务和电子商务衍生服务的快速发展。

以互联网平台为中心、上下游产业为强关联的平台经济体，形成了平台经济税收生态系统。从上中下游税源比重来看，上游环节的产值和税源规模远大于平台交易的中心环节。平台经济在推动创新、促进消费的过程中，对上游供应链形成强大的拉动力，呈现出平台与上游产值的杠杆效应，平台得以撬动巨大税源规模。

平台经济还催生了新的社会服务产业。在互联网平台服务市场上，客服外包、摄影、咨询服务、招聘、培训、质检品控以及定制类设计等服务商，成为新的规模增长点。平台经济依托众多的第三方服务商（如软件服务商、代运营服务商、电信、金融、物流、云计算等），在生态圈茁壮成长。

随着平台经济推动中国传统产业从低效率向创新高效商业模式演进，预计 2030 年平台经济体创造税源规模可达 77 万 ~110 万亿元。在此平台经济规模的基础上，考虑平台下游电子商务服务业（支撑服务和衍生服务）的发展因素，经过测算，在自由的市场和鼓励性政策环境下，2030 年平台经济税源规模可达 110 万亿元；反之，在持续的不当管治和非市场环境下，其税源规模约为 77 万亿元，其上下限的间距呈逐步扩大趋势，到 2030 年间距可达 33 万亿元（见图 4）。

图4 2030年中国平台经济税源规模测算

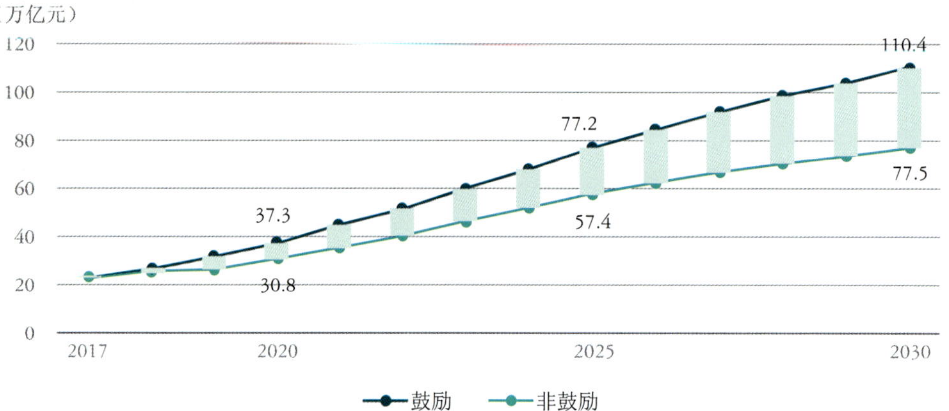

资料来源：商务部、艾瑞、赛迪、阿里研究院。

（二）构建科学合理的税收体系

平台经济尚处于初级阶段，其监管应体现出足够的包容性和审慎性，将鼓励创新与发展作为治理的首要目标，充分涵养税源，培育和壮大税基。长远看，应保证线上线下税收征管的“游戏规则”统一，推动线上线下融合发展；应长期致力于简洁和更具柔性的税制，以适应互联网高频次交易和海量创新的需求，大幅降低遵从成本；应鼓励主动申报，构建税收信用体系，提升主动纳税遵从度。

1. 中长期制度创新

在平台经济环境下，传统的经济结构、经济主体、分工方式、流通环节、交易方式等经济基础环境发生了巨大改变，这些新趋势和特征将推动税制不断创新，以迎合新的经济环境，满足新的生产力发展需求（见图 5）。平台经济的趋势和特征将推动税制由间接税主导转向直接税主导，由以物计税转向以纳税人效益计税。

2. 短期政策导向

• 鼓励创新。在数字技术时代，数据与商业相结合，对数据的认知与管理方面的创新能力将成为平台企业带动生态伙伴形成商业新生态的主要动力。为降低创新成本，应研究增值税中人力成本的抵扣、进项留抵的退还制度、纳税人标准统一等问题；实施人才强国战略，构建具有全球竞争力的人才留用税收体系，大幅降低股权激励税负，合理安排个人所得税税前扣除，增强对人才的吸引力。

以创新为驱动的国策，是未来持续参与世界最前沿创新和国际竞争的保证，深入研究创新激励的税收政策，形成一种创新激励的正循环机制，以鼓励创新、激励人才、扩大平台经济价值的乘数效应。

• 大力扶持小微企业和创业者。小微企业是电子商务创新创业的主力军，然而经营步履维艰，社会就业压力大，税源占比低，国家应予以扶持和保护。建议深入研究小微企业鼓励性税收政策，如进一步提高小微企业起征点、取消小微企业相关收费、研究实施“综合税”等措施，大幅降低创业成本，创建宽松优良的“双创”环境。

图5 平台经济环境下的税制特点

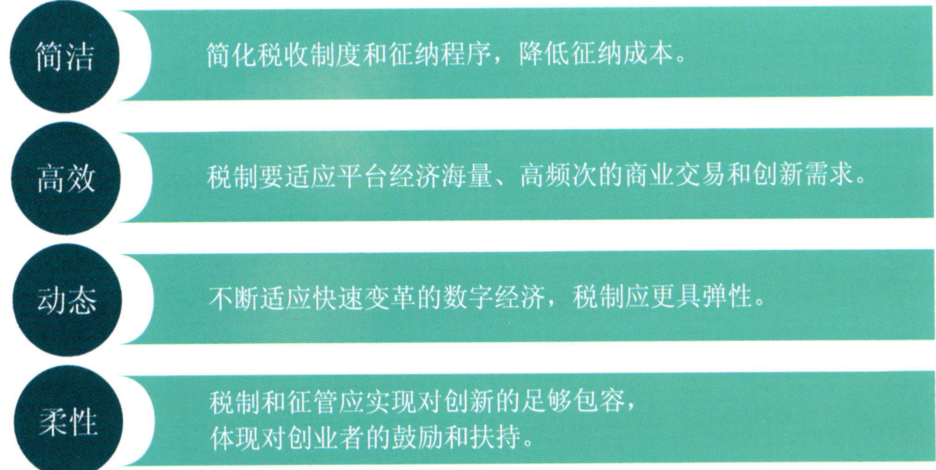

资料来源：阿里研究院，德勤整理。

3. **重点关注的两项征管规则**

• 线上线下征管规则的统一。基于税收公平性原则和线上线下融合发展的趋势，应保持线上线下统一的征管规则。互联网公开、透明的特征，必然促使税基透明化和显现化，易引发线上税负超过线下税负。同时，未来的新零售将打破线上线下的边界，走向全渠道融合。因此，保持线上线下统一的征管规则，是保障税收公平的基础，也是适应互联网经济发展趋势的需求。

• 第三方平台涉税信息协助规则的完善。法律法规应保障数据安全，保护纳税人基本权益，降低第三方平台负担，平衡政府、纳税人以及第三方的权利义务。第三方平台应依法配合政府财税主管部门进行必要的涉税信息协助。应完善第三方涉税信息协助的法律规定，明确平台数据的权利主体，规定检查权限、目的、程序和范围，保障纳税人的知情权和监督权，保护纳税人隐私及商业秘密，建立信息反馈和数据安全责任追究制，遵循纳税人和平台负担最小化原则，从战略和立法层面保护国家的创新能力。

四、治理议题之三：公平竞争

在平台经济时代，竞争机制仍然是配置经济资源的最基本方法。但是，如何反对垄断、维护竞争机制，则不应一成不变地沿用工业经济时代的做法，而应针对平台经济的竞争特点，对当前的反垄断理念及规则进行重大改造和变革。唯有如此，反垄断法才能促进平台经济的发展，而不是阻碍平台经济的发展；也唯有如此，反垄断法才能再一次获得发展的巨大空间，而不是故步自封、作茧自缚。

（一）规模和效益的关系在平台经济时期发生新变化

作为一种协作方式，平台是一个开放系统，这与工业经济时期的企业具有本质区别，传统企业是一个封闭系统。因此，平台的规模与效率间的关系，和工业经济时期的企业截然不同。对传统工业经济而言，企业规模并非越大越好，当市场形成一家独大或寡占时，通常会对资源配置效率产生不利影响。但对平台经济而言，平台的规模与效率一般是成正比，即平台规模越大，越有利于提高资源配置效率。之所以如此，主要是以下两方面原因。

- 平台具有网络效应。平台市场由交易（或交互）的两边（或多边）组成，在交易一边中，存在同边网络效应；在交易双边间，存在跨边网络效应。所谓同边网络效应，是指平台市场一边的使用者越多，平台对该边使用者的价值越大。比如，在操作系统平台中，软件使用者越多，平台对该边所有成员的价值越大。所谓跨边网络效应，是指平台市场一边的使用者越多，平台对另一边使用者的价值越大。比如，在购物平台中，买家数量越多，平台对卖家的价值就越大；同样，卖家数量越多，平台对买家的价值也越大。
- 平台具有边际成本递减甚至边际成本为零的特点。在平台设立初期，其固定资产投资、营销投资等投入很大。在平台运行期间，维护其正常运行的投入也比较大。但是，在平台进入成熟期后，每增加一个使用者，所支出的边际成本将逐渐减少，有时甚至接近于零。平台的这种特性，使平台规模越大越节约社会资源。

因此，在规模与效率的关系上，平台经济具有与工业经济不同的特性。在看待平台规模与效率的关系上，不能以传统工业经济的标准来进行判断，否则将得出不正确的结论。在传统工业经济环境下，超出了一定规模的“大”可能是恶，但对平台经济而言，很多时候“大即是美”。

平台的网络效应和边际成本递减的特点，容易在相关市场形成只有少数竞争者的局面。但是，即使市场竞争者数量较少，由于创新或进入壁垒较低等原因，在位企业仍然面临激烈的潜在竞争压力，大多数时候相关市场的竞争仍然是充分的。

（二）形成反垄断分析新思路

平台服务提供商与平台上交易双方中一方的关系，跟传统商业中上游与下游（最终用户）的关系，具有很大的不同。传统商业中上下游的关系是直接的生产与消费函数关系；而平台提供商与平台上交易双方中一方的关系，除了受生产与消费函数的制约外，还受交易双方的关系制约。

平台涉及相互影响、相互依赖的三方关系，而非传统经济的两方关系，从而造成平台竞争分析迥异于传统竞争分析。一些基于传统经济而被认定为违反反垄断法的商业安排，在平台经济的条件下，可能具有充分的合理性，不应被认定为违法。建立平台经济条件下新的经济分析范式，重新梳理各种商业安排的合法与违法之间的界限，是当前对平台经济进行反垄断规制的一项新课题。

五、以开放的心态迎接新经济形态的到来

（一）从政府的角度来看：开放意味着积极扶持与规范监管

在新经济到来的时代，政府的职责也随之发生变化，开放意味着推动形成开放、包容的商业环境，释放数字经济发展潜力。面对数字经济的崛起，中国政府将新科技、新产业、新经济的发展支持贯穿整个“十三五”规划纲要。目前，中国致力于完善公平规范的数字经济监管政策，做到在发展中规范、在规范中发展。

（二）从平台方的角度来看：开放是把双刃剑，更需把握行业准则和尺度

平台方企业是整个新经济时代的主导者，平台本身的繁衍发展中蕴藏着巨大的空间和机会。由于供需双方数量众多，通过建立行业准则来自律规范需求方与供给方对于平台方至关重要。目前关于平台经济的明确法律法规处于空白状态，为避免参与的企业为了实现自身的迅速发展寻找法律模糊地带，甚至不惜触碰法律底线，平台企业应及时对交易双方的私人信息和交易记录进行掌握，在保证信息安全的同时也要对其中的违规行为进行惩戒。同时，为了减少政府和传统企业的抵制，平台共享公司应主动接受社会监督，主动承担必要的社会责任，遵守国家关于信息安全的相关法律，确保对各种信息的合法利用，处理好公共利益与私人利益之间的关系。

（三）从企业的角度来看：开放的前提是保持自律

鉴于监管的审慎和滞后性，为了保证生态圈内各行各业的健康可持续发展，必须开展有效的行业自律，避免“劣币驱逐良币”。而加强行业自律，无疑是企业对政府监管的一种有效补充。一是在监管尚不全面的情况下，自律组织可提出更高的要求，帮助行业向更健康的方向发展；二是可以根据行业发展情况及时地发布自律条款并进行相互监督约束，弥补监管的滞后性；三是自律可以提前为各类监管政策进行市场验证和压力测试，待验证可行有效后再通过监管加以实施。因此，在通过监管刚性约束实施底线管理的同时，充分调动行业自觉自发的自律行为，是保障平台相关企业规范健康发展的有效途径。

鸣谢

阿里巴巴集团副总裁、阿里研究院院长高红冰；阿里巴巴集团副总裁贺睿筠；阿里巴巴集团税务合规部税务总监周志津；阿里研究院资深专家谢周佩；阿里研究院资深专家杨建辉；阿里研究院研究员阿拉木斯；阿里研究院研究员杨健。

周锦昌 | 德勤中国科技、传媒和电信行业领导人 wilchou@deloitte.com.cn
李美虹 | 德勤研究科技、传媒和电信行业研究员 irili@deloitte.com.cn
张凌霄 | 阿里研究院高级专家 lingxiao.zhangzlx@alibaba-inc.com

中国是全球最大的智慧城市实施国，发展态势良好。然而，智慧城市建设仍然面临诸多难点。城市管理者需要思考七个问题，并以新一代智慧城市为主体思想，突破传统思维禁锢，实现智慧城市可持续发展。

智慧城市进阶

——更聪明的人和治理

文／周锦昌　马炯琳　钟昀泰

当前全球已启动或在建的智慧城市达 1000 多个，中国以 500 个试点城市居于首位，是最大的智慧城市实施国，后续成长空间广阔。尽管发展态势良好，大多数智慧城市建设仍然面临诸多挑战，例如战略目标不明，运营模式不佳，资金缺口等问题。而为了解决这一系列问题，城市规划者需要以新一代智慧城市为主体思想，以数据开放融合共享、发展绿色经济、网络空间安全防护为主要目标，通过体系规划、数据主导、创新革新，推进新一代科学技术与城市现代化深度融合，实现城市协调可持续发展。而在建设新一代智慧城市之时，城市管理者需要在建设过程中思考七个问题，以突破传统智慧城市思维的禁锢。

一、*新一代智慧城市不能缺乏自上而下的总体战略规划*

以往由于各城市、各部门对智慧城市的理解不同，在建设规划上不一致，导致智慧城市顶层设计存在着建设水平参差不齐、技术与功能分离等情况。因此，城市的后续发展缺乏可持续性与前瞻性，总体战略设计与市民体验、新技术应用、商业模式无法彼此协调。而新一代智慧城市拥有自上而下层次分明的架构，包括战略规划、系统分析、建设运营、评量管理等（见图1），能够避免实践过程中的混乱无序。

图1 智慧城市战略规划变迁

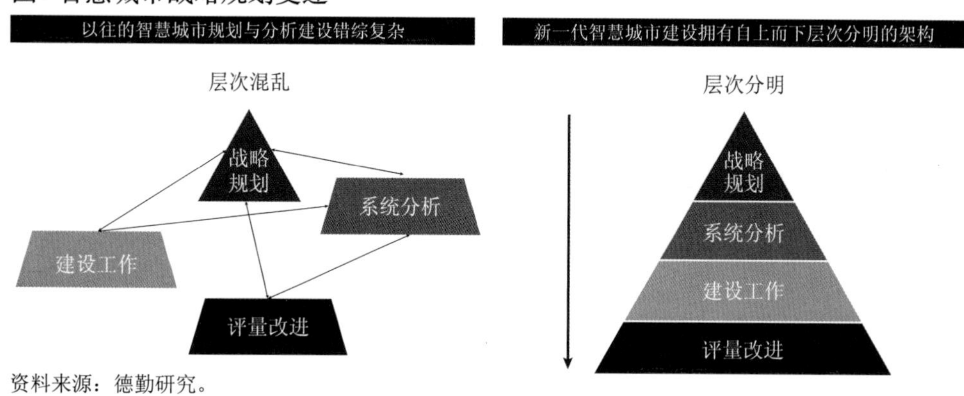

资料来源：德勤研究。

在设计新一代智慧城市总体战略时需要思考战略目标、领导能力、成功要素、潜在风险四个维度。

- **明确战略目标**。设计层面需要统筹全局，站在可持续发展的角度制定建设方案。以用户核心目标为中心，根据发展任务的优先级，重点发展相关领域的智能化应用，构建高效的普惠公共服务框架，精细化社会管理体系才能最终与经济和社会发展规划相辅相成。此外，执行层面需要对全局进行从业务和数据到系统和技术等多角度的全面分析，在确定统一共享的协同目标后，合理安排功能、架构、数据和资源，完成流程改造、知识普及等任务，梳理业务与系统以及各项任务间的协同关系。
- **协调各方的领导力**。自上而下、层次分明的智慧城市的顶层设计需要各利益相关方的合作，包括各级政府、企业与公众。各地政府在其中充当利益协调者的角色，地方政府领导人承诺负责制定、沟通和推动可持续发展计划。通过市级、区级以及部门之间的相互协调沟通，实现当地资源的整合与利用。利益相关方需要共同制定统一的愿景，将各方分散的利益与共同目标结合在一起。政府公开城市规划和数据，邀请公众参与整体规划并提出建议，达成社会共识。
- **关注成功要素**。在设计总体战略时，顶层设计者需要充分关注影响新一代智慧城市建设成功与否的关键因素，例如市民体验是城市设计重点，是衡量城市智慧与否的标准。在顶层设计时，需要探索新的技术架构、新的技术应用与新的商业模式，以及应用多样、相互作用、不断演化的综合性复杂系统。
- **控制潜在风险**。识别与控制潜在风险也是智慧城市顶层设计的重要部分。顶层设计理念容易局限于部分领域，如将城市限定为工业化与信息化的融合，对城镇化、现代化和绿色化等部分的认知不足。各个城市按照各自的规划建设，造成盲目建设、重复建设以及缺乏可持续性的资金投入等诸多问题。

二、新一代智慧城市不是大规模复制品

当前智慧城市建设过程中，部分地区未考虑自身的优势与劣势，直接套用国际或企业提供的智慧城市解决方案，造成城市千城一面，未凸显地区特色。其原因在于智慧城市建设与运营对于国内参与各方来说都是一个全新的领域，各方对其了解都相对较为浅薄。而传统智慧城市建设主要由政府推动，企业与公众尚未深入参与，因而无法针对当地企业、民众需求制定具有针对性的战略规划。

随着政府对于新一代智慧城市建设认识的加深，根据自身优势制定因地制宜的建设方式将成为主流（见图2）。例如上海市的智慧城市规划核心是互联网经济，将互联网与生活场景结合以扩展互联网应用，使居民实现更加便捷的日常生活。而宁波的经济发展落后于上海，但宜居指数却更高，因此宁波以“宜居”为建设中心，借助旅游、人文等产业经济打造宜居城市。

图2 新一代智慧城市建设解决方案的优化

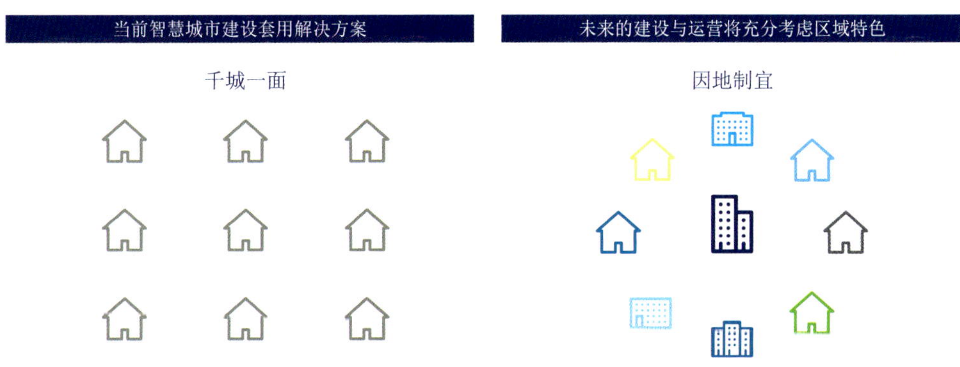

资料来源：德勤研究。

大城市之间可以发挥各自的资源优势，协同发展智慧城市以解决“复制品”问题。如江苏智慧城市群以南京为核心，以江北新区为桥梁，联通苏南、苏中，建设智慧基础设施与平台一体化，推动江苏省智慧城市群综合接入平台，在政务、民生服务、交通等领域打通城市智能发展。大城市带动小城市这一城市群模型也是解决智能城市千篇一律的有效方法。例如杭州市与云栖小镇，双方在互联网产业方面进行协同，云栖小镇重点发展云计算产业，辅助杭州的信息产业发展。

三、新一代智慧城市不能局限于某些模式

在当前的智慧城市建设中，政府独资模式最为普遍。政府独资是指政府利用自有资金与技术进行整体规划、独立投资和后期运维工作，为市政机关、单位和公众提供服务。在此模式下，政府可控制使用和经营模式，能对智慧城市建设及运营进行全面监管，但由于政府需要承担全部建设资金，聘请专业人员进行运营与维护，因此资金压力较大，适合经济发达、财政充足的城市采用。由于政府将面临较大的资金压力，企业的参与则会减轻政府的财政压力，未来新一代智慧城市建设将呈现多种模式并存的局面（见图3）。各级政府通过颁布规划政策为企业参与创造了良好的环境，企业参与程度将进一步加深。

图3 新一代智慧城市建设模式变化

在当前的智慧城市建设中，政府独资模式最为普遍

单一模式主导

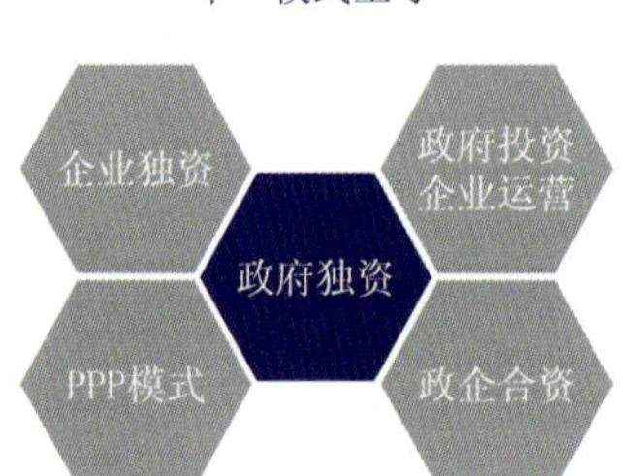

新一代智慧城市建设将呈现多模式并存的局面

多模式并存

企业独资
政府投资
企业运营
政府独资
PPP模式
政企合资

资料来源：德勤研究。

新一代智慧城市的建设与运营中，企业参与方式主要有以下四种。

- **政府投资，企业运营**。政府主导并负责主要投资，运营商为政府提供相关支持，因此政府对项目的控制力较强，能够发挥政府与企业各自的优势，降低建设与运营风险。例如，西班牙巴塞罗那市政府出资研发养老服务电子系统，病患可通过数字医疗平台在线咨询、问诊和挂号预约医生和专家。
- **政企合资**。早期需政府投入必要资金进行前期基础设施建设，制定相关政策和法律法规，企业在政府支持下全面参与后期的建设运营和维护工作。由于政府仅支付部分资金，因此财政压力较小。例如德国波恩市政府拨款75万欧元，200家私营企业出资270万欧元，并向州政府和欧盟申请资金支持，开展智慧城市建设。
- **PPP模式**。企业获取特殊许可，利用自筹资金建设并在一定时期内经营项目，期满后将移交给政府。采取这种模式对于政府来说资金压力较小，但由于企业需要承担建设资金及运营风险，政府无法保证企业能够在运营期间实现盈利，这将降低企业参与的积极性。
- **企业独资**。与PPP模式的不同在于企业拥有项目所有权，不需要向政府移交项目。企业承担建设运营的全部投资，政府对企业难以进行干涉与掌控。例如上海虹桥商务区项目由综合实力较强的企业和第三方独立机构负责，在智慧会展、智慧商务等方面开展建设。

四、新一代智慧城市平台不能造成数据孤立

由于采用不同的协议和标准，各物联网平台处于孤立分离状态。未来的物联网平台得益于统一的数据标准与管理以及技术进步，能够将多种传感器集中于一个设备，实现全面连接，增强数据收集能力。虽然仍有一些应用程序需要一个单独的平台，但这将是有意为之而非无奈之举。

受制于物联网平台连接状况的限制，早期智慧城市数据也呈现割裂状态。随着物联网平台相互连接，系统之间的数据也将实现联通。开放数据将打破数据孤立且数据之间

将产生协同效应，形成智能化系统生态圈。在此过程中，企业通过提供技术支持推动数据的融合与存储（见图 4）。例如人工智能技术能够通过分析海量数据并通过机器学习实现城市各领域的智能化，在智能交通领域，人工智能通过分析海量交通数据，对交通流量进行预测，通过切换交通信号以缓解交通压力。

图4 新一代智慧城市数据实现融合

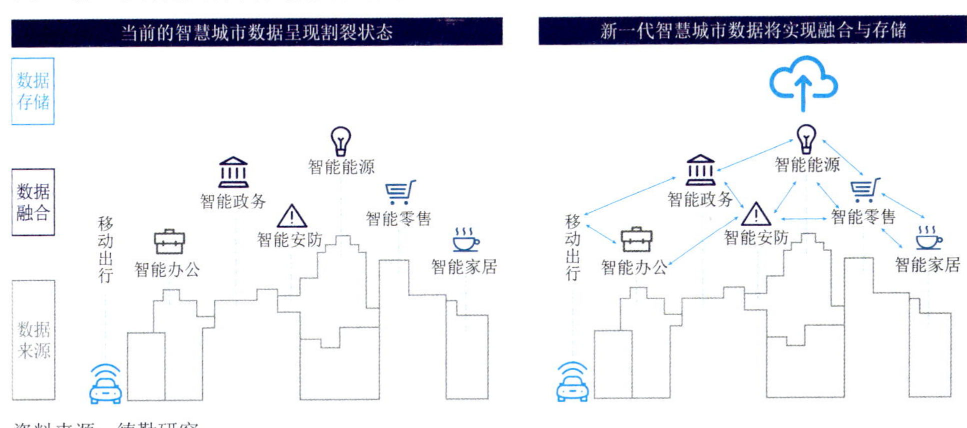

资料来源：德勤研究。

五、新一代智慧城市不能被动应对数据安全

当前数据安全防御为被动型防御，通过事后防御策略，在发生安全问题或发现安全漏洞后在系统中升级病毒库并对漏洞进行修补。随着人工智能等新一代技术在安全领域的应用，数据安全防御将从被动型防御转变为更为高效、迅速的主动型防御，并对安全防御技术与管理进行持续性监管。例如在杀毒领域中，利用深度学习技术自动构建恶意代码识别特征，而非在病毒蔓延后升级病毒库；在反欺诈领域，利用机器学习对网页进行检测实现对欺诈网站的提前识别，而非在发生欺诈事件后关闭非法网站，并通过及时提升安全防御技术与管理方式对后续结果进行持续跟踪。

图5 数据安全防御变革

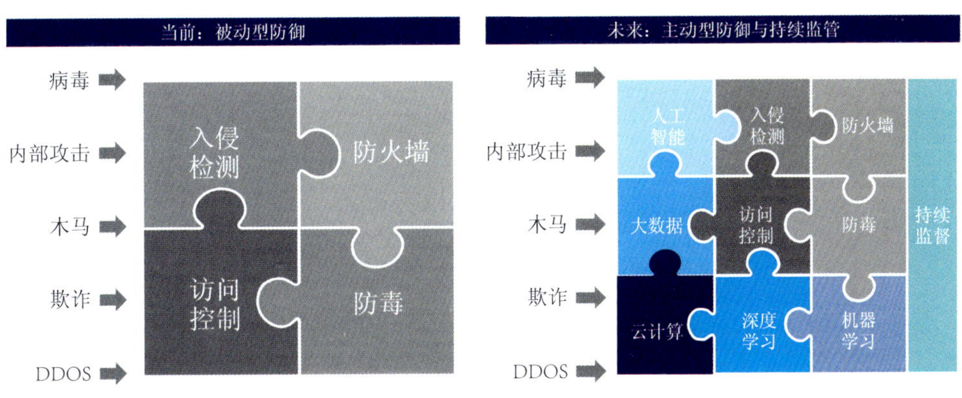

资料来源：德勤研究。

数据安全防御的建设可以分为数据传输防御与数据存储管理两个层面。在数据传输防御层面，建立集成化安全解决方案，降低网络与系统的复杂性，打造互联互通的防护系统；也可以通过建立数据安全综合监控系统，利用身份服务引擎识别网络安全情况，实时监控外来威胁和内部异常行为。在数据存储管理层面，可以建立分布式存储数据，将文件分为多个数据段分开存储；在硬件方面，增强服务器和数据中心硬件设施系统的安全性，监控关键 IT 设备物理环境，消除干扰 IT 运行和降低可靠性的物理威胁、环境危害或人为失误。

六、新一代智慧城市不能缺少政府、企业以及公众三方共同参与合作

当前的智慧城市建设以政府为主导，企业为主力，而公众参与度较低。未来，政府、企业与公众三方将通过共同合作推动智慧城市建设的深入发展，且各自的参与程度将发生变化（见图 6）。政府将从主导者转变为引导企业建设，企业则从参与者转变为主要的推动者，承担大部分项目，公众的参与度也将通过完善参与机制而得到提升。

图6 新一代智慧城市三方参与

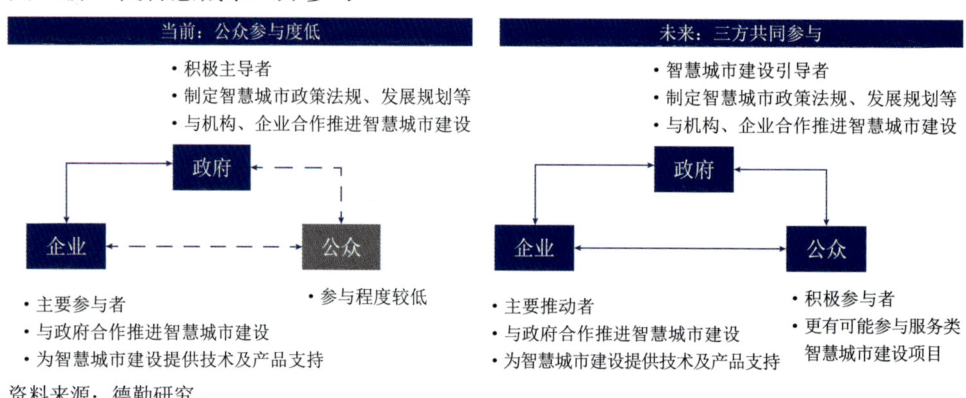

资料来源：德勤研究。

政府在智慧城市建设中为智慧城市建设制定目标，规划实施路线，制定相关法律法规以支持企业发展的同时保护公众利益。同时，作为投资者，利用自身财政资金或企业合作投资智慧城市建设。公众在智慧城市建设中扮演数据生产者、最终使用者的角色。公众是智慧城市数据的最初提供者，随时将生活工作中的出行、消费、社交数据反映给政府平台。企业投资或将成为智慧城市建设的主要资金来源，企业作为技术提供者、创新主力以及投资者利用自身技术、人才、项目经验向政府提供解决方案。借助政府提供的良好商业环境，企业或将提供更为高效的创新技术与解决方案。

七、新一代智慧城市不能缺乏源源不断的创新体系

创新体系包含政府机构、研究机构、企业以及服务主体，服务主体包括孵化器科技园、金融机构与服务机构。前三者在政府政策、财政资金支持、补贴等措施的支持下已经较好地实现了联动。然而服务主体在整个创新体系中的作用未实现最大化，例如在金融机构方面，当前初创企业向金融机构申请创业资金的门槛仍旧很高。随着创新体系完善进程的深入推进，创新体系服务主体将得到更多的政策支持。孵化器科技园、金融机构与服务机构将在新一代智慧城市建设过程中向创新企业或个人提供资金、政策、法律等方面的全方位支持。

八、新一代智慧城市建设——雄安新区

雄安新区地处北京、天津、保定腹地，其定位是疏散北京非首都职能，在京津冀协同发展的框架下探索城市创新发展模式。在雄安新区规划建设任务中智慧城市建设处于首要位置，这将是中国在智慧城市建设方面的重要探索。在智慧城市建设顶层设计、因地制宜、建设模式以及数据分享方面，雄安新区均走在全国前列。

与其他城市的智慧化建设不同，雄安新区智慧城市的打造是从一张白纸开始，从无到有绘制规划蓝图。这也就意味着雄安新区的智慧城市建设能够规避以往智慧城市建设各方、各级参与者由于原有规划建设而导致的建设规划难以统一的情况。当前新区的顶层规划已经开启，遴选全球顶尖的城市设计咨询公司提供的城市解决方案，融合其他优秀方案的优点以制定顶层设计方案。虽然总体规划、控制规划、详细规划仍未最终确定，但可以确定的是最终规划将拥有明晰的层次结构，突出国际一流、绿色、现代等建设理念，包含城市建设、运营、管理组织结构，以确保建设各个环节的有序完成。

雄安新区智慧城市建设从其设立的最初目的出发进行建设，而非照搬杭州等智慧城市建设领先地区的经验。一方面需要承接北京非首都职能，另一方面将成为中国“硅谷”，承接高技术产业的转移，其他地区的经验显然无法满足要求，因此雄安新区的智慧城市建设因地制宜，承接大数据、物联网、无人技术、机器人、航空航天等高技术产业。已经有48家高端创新企业成为首批落户企业，包括BAT、京东金融、中国电信、太赫兹未来技术研究院等。此外，不同于中国其他地区的智能城市建设，雄安新区的建设将分为地上和地下两大部分，地上空间留给绿化及居民活动，城市交通、水电气供应等均处于地下。

在建设模式方面，雄安新区的建设主要依靠社会资本的参与，通过多种方式吸引社会资本参与项目建设。目前社会资本的参与主要有两种方式：第一种是PPP模式，新成立的雄安建设投资集团负责开展PPP项目合作，创新投融资模式。在PPP模式上，雄安建设PPP项目已被纳入资产证券化“绿色通道”，为项目开辟融资及推出窗口，鼓励更多社会资本参与其中。第二种是国家开发投资公司发挥基金优势，为高端产业提供支持。

在数据分享方面，由于雄安新区的智慧城市建设从空白开始，数据孤岛问题尚未形成，因此解决数据在各部门之间共享问题的障碍相对较小。考虑到信息割裂问题，新区已经成立“数字雄安”小组，探索数字获取、运营、安全等问题，同时设立数据中心，形成数据管理集成系统从而实现数据共享。在数据获取方面，中国电信与中兴通讯合作为雄安新区建设商用物联网平台，并且已经用于智能停车场、井盖、路灯。在数据传输方面，三大运营商已经布局5G，预计在2020年实现大规模商用。在数据分析、存储方面，新区已经与中国电科开展合作，推动公用大数据建设。

然而，雄安新区智慧城市建设仍需关注数据安全以及公众参与两个方面。在下一代信息技术布局过程中，考虑数据安全问题，利用人工智能等技术探索数据安全防御的新方法。此外，在当前新区建设规划中强调了顶层设计与企业参与对新区发展的重要作用，后续仍需对公众参与度提出举措。

周锦昌 | 德勤中国科技、传媒和电信行业领导人 wilchou@deloitte.com.cn
马炯琳 | 德勤中国政府及公共事务行业主管合伙人 clarma@deloitte.com.cn
钟昀泰 | 德勤研究科技、传媒和电信行业研究员 rochung@deloitte.com.cn

ONE WAY
CITY SPEED LIMIT 25

城市，作为一个庞大复杂的有机体，为人们提供服务，流通货物与产品，保护市民安全，提供教育资源，成为我们不断创新的源泉。但如何使城市更加智慧地运转呢？

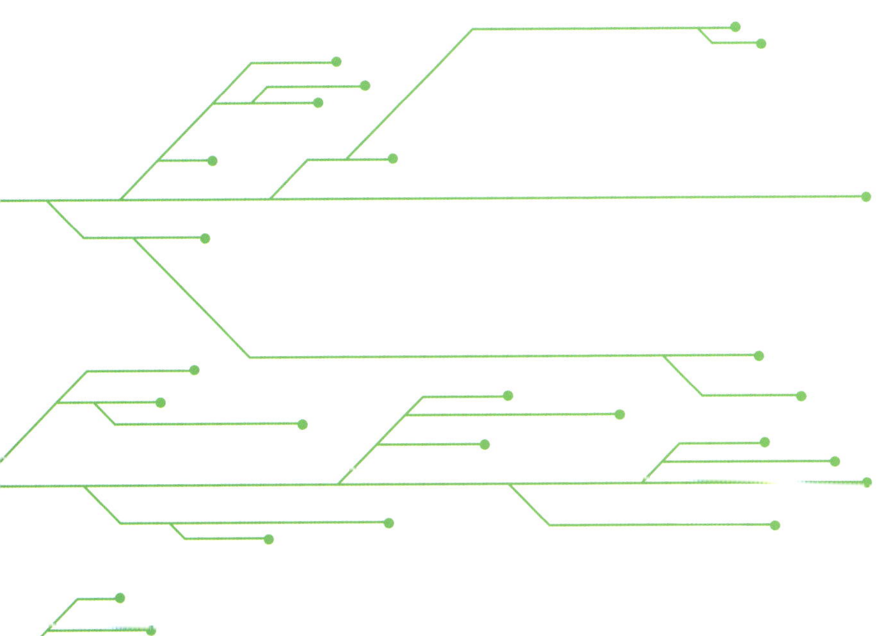

让城市更智慧

——如何利用市民的集体智慧做出最佳决策

文 / William D. Eggers，Jim Guszcza 和 Michael Greene
图 / Dongyun Lee

“只有当城市是被所有人一起创造出来的时候，它才有能力为所有人提供些什么。”
——Jane Jacobs《美国大城市的死与生》[1]

城市规划者不可能具备所有市民掌握的各种知识。利用居民偏好和本地性知识制定出的解决方案即使是最佳规划都无法比拟。同时，利用城市相关数据激发市民集体智慧时，他们还能做出更有效的决策。

一、*群体智慧*

假如你是城市规划师，主要负责为新建的城市公园设计人行道，你将如何确定路线？

能想到的几种方法包括：调查可能逛公园的人，复制其他公园的最佳实践，或者通过先进的电脑模拟预测未来的人流量。

或许也可采取一种不同的方法：开放公园，观察行人走出来自然形成的道路。通过观察而非设计，可以利用实际公园使用者的固有认知和偏好，找出最合适的人行道解决方案。

纽约自由塔修建之前，伟大的城市理论家Jane Jacobs曾建议取消归零地已有的街道网格，她表示："我曾在康涅狄格州上学，那里的建筑师观察孩子们冬天在雪地里走出来的道路，然后在春天的时候修建了一些穿过草地的碎石小径。为何不效仿呢？"[2]

Jane Jacobs是一位非常杰出的现代城市哲学家，她的这一简单比喻体现了与其城市设计理论相同的观点，即尊重实际城市居住者的意愿才能成就最完美的设计。Jane不太认同中央规划机构的宏观设计，她曾力劝听众们"从最深刻的意义上去尊重拥有自身奇特智慧的杂乱地带"。[3]

对智慧城市的大多数讨论都集中在基础设施，利用大数据和信息技术能够更好地管理城市资产，如公共交通、污水系统、道路等。"智慧"一词通常是指通过传感技术与物联网连接的实物资产，其能生成具有价值的数据流：智慧停车计时器、智慧路灯、智慧用水等。

有关行为经济学与管理的系列研究

行为经济学能够检验个人或群体在做决策时，心理、社会及情感因素通常如何与经济动因发生冲突并否定之。本文是探讨行为原理对人们选择的影响及结果的系列研究之一。相关文章、访问及报告共同表明，如何理解偏见与认知局限是制定应对措施的第一步，而这些措施能够减少企业所受影响。欲了解更多信息，请访问 http://dupress.com/collection/behavioral-insights/。

无论是从字面还是更广泛的比喻意义来看，联网设备均有利于确保城市正常运行，创建更环保、更有效率的城市。但事实上，智慧城市必须包含的东西远不止基础设施和市政服务。真正智慧的城市能够充分利用技术激发市民的智慧。智慧城市中的市民并不比传统城市的更聪明，但却能推动城市规划者、市民个人以及团体做出更明智的决策。

二、*自下而上对比自上而下*

只关注硬件设施并不能实现智慧城市的全方位发展，因为联网设备和资产同样非常重要。数据科学和互联网技术的前景很大程度上是指它们不仅能支持智慧物品，还有助于做出更明智的决策。发挥作用的主要有三大相互关联的因素。

数据科学革命。由于移动手机、联网汽车以及可穿戴自我追踪设备的出现，我们能够日益数字化地记录生活。事实上，我们就像雪地里的小孩一样，不断在各处留下数字足迹。这意味着关于我们的偏好、行为和知识的详细数据可被分析，用于提出实现更佳决策的建议。

行为经济学。大数据革命与“行为助推”革命同时进行，正是 Daniel Kahneman，Amos Tversky，Richard Thaler 与 Cass Sunstein 在心理学、行为经济学与选择架构方面的开创性贡献引发了“行为助推”革命。数据科学与行为科学相辅相成，大数据能够指出找到解决方案的方向，但往往需要协助以提出行动建议。选择架构的主要观点是对选择环境进行通常花费不多的微小调整，却能够对人们的行为产生超凡影响。行为设计思维，尤其是当与数据科学和数字化技术相结合时，能够为决策者提供一系列有效的工具，协助他们打造人们能够做出更明智决策的城市。

借助技术充分发挥群体智慧。互联网和移动设备不断创造出新形式的大规模协作。数字化互联的市民作为最终的传感器网络，能够及时将本地信息传送至决策者。此外，近期调查设计实现的方法论突破有助于决策者更好地利用群体智慧。

这些主题的共同之处在于，致力于使决策的制定基于对当地的深入了解和坚持有选择权的决策环境，并在可能的情况下实现自下而上的秩序：反映个人自发选择的结果，而非由规划者自上而下决策所强加的结果。

智慧城市让数据变得日益公开化，因此也有可能开源部分数据分析内容。这意味着包括业余爱好者和专业人员在内的市民数据专家都可以获得开源数据，并提供意想不到的见解。

这并不意味着规划者及其计划不重要，因为制定能够满足个人意愿的框架并非易事。Jane 所说的孩子们在雪地中不约而同地走出“期望路线”就能说明这些问题。聪明的规划者能够基于大众积累的知识和偏好而自然产生的秩序做出决策。智慧城市不会直接规定明智结果，而是构建推动最佳决策的平台。

Jane 在建议城市规划者尊重城市环境中出现的“杂乱地带”的同时，也在呼应经济学家 Friedrich Hayek 对市场的见解。Friedrich 解释了不受控制的个人行为在中央规划缺失的情况下如何形成可预见且服务于人的有效结果。Friedrich 的自发市场秩序，结合众包、预测市场和集体智慧，都反映出同一个事实：特别是当个人拥有权衡与备选方案的准确信息时，利用个人选择建立机制而产生的解决方案往往优于中央规划者的精心设计，无论他们是城市规划者还是经济规划者。

数据科学的新时代，有可能实现 21 世纪版本的 Jane 所期望的愿景。

三、*具备预测能力的城市：大数据与预测分析*

数十年来，纽约市屋宇署在决定勘查哪些建筑类别存在不安全情况以及结构性隐患时，始终着重关注各种投诉。这非常合理有效。

但问题是，2011 年市政府仅非法改建这一类问题就收到近 25000 项投诉，而负责处理的勘查人员只有 200 人。业主将公寓改成多个小单间以便容纳更多人居住，这类非法改建都不可避免地存在潜在隐患。本应容纳五人的空间塞进数十人，容易引发防火安全、犯罪和公共卫生等问题。

为处理这类问题，Michael Flowers 领导的由具备科学思维的问题解决者组成的市长办公室数据分析团队，利用预测分析从根本上提升勘查效率。Michael 表示："我们列出优先事项清单时，不断缩短我们处理最危险地带的时间，实际上也是在减少居民生活在危险中的时间"。[4]

关键之处在于，Michael 的数据科学极客团队并非守在市政厅的办公桌前创造一种功能全面的算法，而是在有多年实地工作经验的建筑检测员的帮助下建立一种预测性数据模型。Michael 表示："实地检测人员给人的感觉是'我干这项工作已经很长时间了，这一片有哪些地方比较糟糕我都了如指掌'。我们将该类人员的经验与数据相结合，并在此基础上进行风险评估。"最终产生一份有助于检查活动开展的建筑分类列表。

最终结果令人吃惊：此前仅有 13% 的投诉暂不需要处理，而经 Michael 的团队筛选出误报部分后，暂不需要处理的投诉比例增至 70%。[5] Michael 表示："我们并未做任何数据改动"。[6]

该市并未搜集其他此前所没有的数据，而只是采用了现代数据分析方法，辅助决策制定，且效果显著。例如，该市发现建筑检测的完善可降低消防员所面临的风险，这是由于非法改造的房屋发生火灾导致消防员伤亡的概率比其他类型的火灾要高出 15 倍。[7] Michael 认为："假如屋宇署没有开展相关工作，后面消防局的工作定会受到影响，这是毫无疑问的。"[8] 由于分析型方法发挥了巨大作用，纽约市在 2015 年 6 月的火灾死亡率为零，自 1916 年以来尚属首次。[9]

四、市民帮助市政府制定决策

智慧城市让数据变得日益公开化，因此也有可能开源部分数据分析内容。这意味着包括业余爱好者和专业人员在内的市民数据专家都可以获得开源数据，并提供意想不到的见解。

以波士顿的一个实验为例，该市数据平台[10] 所提供的数据库可对公众开放，用于餐饮食品安全检查以及该市的其他生活领域。[11] 和许多其他城市一样，该市的卫生督察员也曾对餐厅进行随机抽查，因而花费了过多时间检查干净且合规的餐厅，而对于真正需要仔细检查的餐厅其检查力度却不够。

为了更有针对性地检查真正存在问题的餐厅，波士顿市政厅与 Yelp 以及哈佛商学院的经济学家合作，以 Yelp 用户的餐厅点评为原始数据建立预测算法。[12] 2015 年，该市与其合作伙伴联合举办了一场公开赛，为 700 多名参赛者提供 2006 年以来波士顿的餐厅检查数据以及 Yelp 的餐厅点评信息。本次公开赛旨在建立一种算法，以预测卫生违规情况，便于市政府工作人员更有针对性地检查存在问题的餐厅。[13]

参赛者分析包括常见词语和句子在内的点评内容；[14] 哈佛经济学家结合比赛结束后六周内该市针对 364 家餐厅开展实际检查的结果，对提交的分析内容进行评估。[15] 最终结论是：采用制胜算法有助于督察员更准确地发现违规情况，有效性可提高 30%~50%。[16]

简言之：城市数据 + 智慧市民 = 更佳城市决策。

五、通过设计促进行为改变：选择架构发挥巨大作用

只有当数据和分析能够帮助城市居民更好地制定决策并产生更加理想的结果时，这个城市才能变得更加智慧。行为洞察——选择架构和行为"助推"——应运而生。我们认为行为科学和数据科学能够有效互补：预测模型可用于识别最急需处理的情况；行为

洞察为促进行为优化提供工具。[17] 除此之外，创造性地运用行为洞察可有力推动以人为本设计理念的践行，从而建设更加智慧的城市。

在旧金山，哈佛大学经济学家 Mike Luca 与 Yelp 合作，将信息交到就餐者手中。[18] 对于该市列出的卫生状况最差的 5% 的餐厅，Yelp 应用程序上会显示“消费者提醒”的警告信息，此类重要信息恰好是即将就餐者在做出决定时可参考的最有用的信息。相比这一方法，传统的调查报告有时会张贴在餐厅后面的走廊上或者只是夹杂在某位市政府工作人员办公桌的某份报告里。[19] 通过科技手段将此类公开信息交到市民的手中可“助推”市民更好地制定决策，或至少能够在制定决策时参考更多信息。

行为洞察运动主要受 Richard Thaler 和 Cass Sunstein 的知名作品《助推》（*Nudge*）影响。该书向广大读者介绍了选择架构的概念。[20] 部分评论者认为选择架构是一种操纵性的社会工程形式，但我们认为选择架构能够提供比较全面的信息，有助于大家更好地应对所面临的情况。

《助推》实际上是受 Donald Norman 的经典作品《设计心理学》（*The Design of Everyday Things*）的启发。《设计心理学》一书认为日用品的设计应基于用户的心理而非设计者的喜好。[21] 例如，假如绝大部分用户不知道如何操作一款手机，那么毫无疑问，这一问题应当归咎于产品设计而非用户。如果我们能够根据人们的心理设计出更好的设备，那为什么我们不能将这一原理应用于公共政策和环境选择呢？

湖滨大道蜿蜒曲折，一直是芝加哥危险系数最高的路段，这一情况直到十年前才有所改善。为了降低橡树街弯道附近的事故发生率，该市在路面上涂上一道道白线，朝危险的弯道延伸，每条线都比前一条短，从而造成错觉。白线越来越短会让司机感觉自己在加速，因而促使他们放慢车速，以比较安全的速度驶过弯道。据该市的交通工程师反馈，使用白线以后六个月的车祸发生率降低了 36%。[22]

除交通方面以外，各城市也会与其居民开展其他方面的沟通。行政管理机构发出的许多通知都晦涩难懂，使用大量术语，比较像律师用语，也许只有律师才看得懂。在这方面，费城独辟蹊径。为了减少该市税款缴纳违规行为（2010 年该市有近 10% 的财产税逾期未缴），费城重新向逾期未缴税款者发出通知，[23] 并与学术界人士合作，测试各种不同的沟通策略。[24] 该市发现具体说明财产税用于哪些公共服务，呼吁居民履行其公民义务，有助于鼓励居民缴纳税款。这一举措对于所欠税款较少（300 美元以下）的居民最为有效。[25]

新墨西哥州同样以数据为基础，采用“助推”沟通手段解决了一项棘手难题。部分领取救济金的人员捏造事实，以领取更多失业保险金。新墨西哥州劳动力解决部门的工作人员发现，许多欺诈性领取的诈骗性质并不严重。因此他们并未采用传统（且成本较高）的刑事执法途径，而是将数据科学与行为经济学相结合，促使领取救济金的人员提供真实的信息。[26]

领取救济金的人员每周必须证明其正在寻找工作，并记录所有收入情况。一旦发现某项答案不符合惯常模式或不在常规范围内，系统会弹出一条消息，强调提供正确信息的重要性。行政管理机构会测试许多不同的信息，同时由于领取救济金的人员每周必须证明相关情况，新墨西哥州能够迅速了解哪些是最有效的信息。[27] 更智能的系统投入使用一年后，欺诈性领取的情况减少了一半；未收回的各类多付款项减少近 75%，为该州节约近 700 万美元。[28]

截至目前，我们主要探讨了数据科学和行为“助推”科学如何帮助市政府工作人员和市民制定更加智慧的个人决策。而实际上，云技术能够将我们的设备以及我们自己与物联网连接起来，还能够帮助各个群体制定更加明智的决策。

即使动物群体也会体现出集体智慧：成群的昆虫和鸟儿能够汇总从单个群体成员处得到的信息，以寻找食物和选择筑巢地点。

六、*实现集体智慧：城市芭蕾*

集体智慧并非新鲜事物。人类群体，包括家人、军队和企业团队常常表现出不同程度的集体智慧。即使动物群体也会体现出集体智慧：成群的昆虫和鸟儿能够汇总从单个群体成员处得到的信息，以寻找食物和选择筑巢地点。

实际上，Jacobs 曾提过的孩子们在雪地里踏出期望路径的例子也体现了集体智慧——个人在完成自身事务时自然形成的一种宏观层面的秩序。这一思想在 Jacobs 于 1963 年年底出版的作品《美国大城市的死与生》（*the Death and Life of Great American Cities*）中也能找到。在书中一段最著名的文字中，她将城市居民复杂、动态和不定向的行为所体现出的美丽秩序比作“人行道芭蕾”：

> 这种秩序充满着运动和变化，尽管这是生活，并非艺术，但我们或许可以发挥想象，称其为城市的艺术形态，将它比拟为舞蹈。在这种复杂的芭蕾中，每个舞蹈演员在整体中都表现出自己的独特风格，但又相互映衬，构成一个秩序井然、相互和谐的整体。[29]

如若 Jacobs 并未于 2006 年逝世，她很有可能被互联网和云计算技术为实现新型集体智慧而创造的各种可能性所吸引。

麻省理工学院集体智慧中心创始人 Thomas Malone 指出，互联网技术创造了几十年前还不可能实现的新型集体智慧。维基百科就是一个很好的例子。这是一种非常精细的百科全书式的产品，由成千上万的人编辑，集中控制力度被降到最低。这种形式的集体智慧非常强大，但仍需依赖手动操作。

互联网技术不仅能够收集联网市民的相关数据，还能为我们提供集思广益的新方法，从而实现真正意义上的“群体智慧”。

物联网所打造的自动化世界使我们能够更加深入地理解 Malone 的观点。[30] 拥有移动电话的市民能够捕捉、传输并接收形成数字“人行道芭蕾”的各种信息，并利用有关当地的零碎知识、想法和意见制定更加明智的决策。

导航应用软件 Waze 就是一个经典案例，它能够帮助驾驶人员在世界各地的城市找到最高效的路线。通过应用软件频繁地共享报告或只在开车时打开应用，用户即能够实时了解交通状况，精确定位拥堵路段、测速照相点、事故地点和其他危险。驾驶人员只需打开应用，输入目的地，系统便能利用这些信息进行搜索，并为每一位用户规划最佳路线。[31] 云计算和移动技术使信息实现双向流动，这样驾驶人员就能够自行安排路线。这在几年以前还是不可能实现的。像鸟群一样，接入物联网的汽车和驾驶人员现在常常能够表现出高度的集体智慧。

七、市民充当传感器

技术真正的作用在于它能够推动协同创新。例如，波士顿与 Waze 合作利用驾驶人员提供的数据来缓解交通拥堵。Waze 将数据提交给波士顿的交通工程师后，交通工程师将这些数据与传感器及摄像头中的数据进行融合，然后实时调整交通信号灯。与任何其他成功的合作一样，合作双方都能获得好处。波士顿交通部门专员 Gina Fiandaca 表示："我们也会向 Waze 实时回传我们已做的改动以及我们计划要做的任何改动。"[32] 通过这次合作，波士顿地区的约 40 万名个人用户能够根据最新的交通信息规划自己的出行。

除了"市民充当传感器"的概念，让波士顿变得更加智慧还因为其采用了 Street Bump 应用软件。[33] 利用手机内置传感器可识别不平整道路的功能，该应用软件能帮助驾驶人员识别道路坑洼。而且，有用的意见也能顺便带来一些好处。例如，在用户报告的案例中，井盖下沉的情况比道路坑洼多出四倍。根据这些信息，波士顿与公用事业公司合作修复了 1250 个下沉严重的井盖。[34]

同样，阿根廷首都布宜诺斯艾利斯也采用"市民充当传感器"这一方法处理投诉和建议。布宜诺斯艾利斯开发了一款移动应用软件并成立了一个呼叫中心，以记录市民投诉。此外，分析人员还在多个社交媒体平台上收集大量的文本，以对市民投诉进行分析。为了了解具体的投诉地点，布宜诺斯艾利斯将上述三种投诉收集渠道与一个地理信息系统进行了整合。根据发起投诉的地理位置和投诉类型，市政府指定相应的供应商着手处理。然后，审查部门人员在确认投诉处理完毕后关闭相应投诉窗口。快速的投诉处理使得市民满意度出现了空前的增长，而且平均投诉处理时长也从 2011 年的 600 天缩短至 2015 年的 42 天。

互联网技术不仅能够收集联网市民的相关数据，还能为我们想出集思广益的新方法，从而实现真正意义上的"群体智慧"。依靠受访者输入内容推动的 Wiki surveys 便是一个典型的例子。

Wiki surveys 的适应性很强，能够根据受访者的回答推测出可能出现的新调查答案。[35] 因此，调查设计人员未曾考虑到的"答案"，有可能，实际上经常会，排名靠前。例如，2010 年 10 月，为拟定一项城市可持续发展规划——纽约 2030 规划（PlaNYC 2030），纽约首次发起 Wiki surveys 和一系列社区会议。市政府官员在调查中问道："您认为如何才能更好地建设出一个更环保更好的纽约市？"然后，他们为该问题设计了 25 种可能的答案。大约四个月后，1436 名受访者贡献了 31893 个回答和 464 项新的建议，其中 8 个回答被列入最受欢迎的十大方案，仅有 2 个是问卷提前设定好的。[36] 如果 Jacobs 还在世的话，一定会感到很欣慰。

随着越来越多的数据被共享，集体智慧将使从市政府官员到普通市民，从民间组织到大学院校的每一个人都被赋予更多权利。通过利用物联网技术收集更多数据，并使更多公开数据便于使用，城市能够依靠集体智慧创造更多的机遇。

西班牙城市桑坦德启动了一项名为"智能桑坦德"（SmartSantander）的项目。政府在城市中安装了 20000 个用于监测交通流量、停车位、噪音、污染状况、温度、湿度等的传感器。这个城市已经通过根据传感器反馈引导服务节约了一大笔费用，例如调暗空旷街道上的路灯亮度。驻车传感器能够帮助驾驶人员找到可用车位，SmartSantanderRA 应用软件甚至能让用户利用智能手机识别其所指物体的相关信息，如一座纪念碑，包括为何人因何故设立纪念碑或者今晚附近的音乐厅将上演哪些节目等信息。该应用可将用户的智能手机变为传感器，并让市民在 SmartSantander 项目中起到双重作用——测试与功能延展。

八、*Jacobs 的发展理念：智慧居民、智慧城市*

智慧城市的构想不应局限于 WiFi 热点和会说话的垃圾桶。毫无疑问，构建智慧城市包括通过改善城市基础设施，实现智慧出行、智慧城市服务以及智慧能源。但为了让智慧城市名副其实，我们应当运用科技改进决策的制定。

更加明智的决策指的是运用数据科学、行为科学以及数字技术实现更好的、更加民主的和更以经验为基础的决策制定。安装收集数据的传感器，以改进物理设备的性能，只是构建智慧城市的一部分工作。关键在于运用科技动员城市最重要的资产——市民。

也就是说，我们需要转变自上而下的改善城市基础设施的做法，确保人们参与智慧城市的建设。毕竟，我们的最终目的是让城市更加宜居，而不仅仅是建设更加高效的基础设施。以人为本的设计理念强化了自然产生的秩序和集体智慧——人行道芭蕾，这同时也是 Jane Jacobs 有关城市发展的重要观点。Jacobs 曾在书中写道：“城市发展不需要任何理论的指导；人们建造了城市，因此我们必须让我们的规划适合人的生活，而非建筑。”

技术的支持让智慧城市构想比任何时候都更加切实可行。

William D. Eggers 担任德勤政府事务洞察中心（Center for Government Insights）常务总监，负责事务所的公共领域领先理念刊物的出版工作。

James Guszcza 是 Deloitte Consulting LLP 的美国首席数据科学家。

Michael Greene 是 Deloitte Consulting LLP 的高级经理和数据科学家。

原文刊登于 Deloitte University Press 出版刊物 Deloitte Review 第 20 期，感谢德勤中国翻译组。

尾注

1. Jane Jacobs.The Death and Life of Great American Cities (Vintage, 1992).
2. Adam Gopnik. “Cities and songs,” New Yorker, May 17, 2004, www.newyorker.com/magazine/2004/05/17/cities-and-songs.
3. Wikipedia. “Jane Jacobs,” https://en.wikipedia.org/wiki/Jane_Jacobs, accessed October 24, 2016.
4. Michael Flowers. “Chapter 15. Beyond open data: The data-driven city,” Beyond Transparency: 2013 Code for America, October 16, 2013, http://beyondtransparency.org/chapters/part-4/beyond-open-data-the-data-driven-city/.
5. Alex Howard. “Predictive data analytics is saving lives and taxpayer dollars in New York City,” O’Reilly Radar, June 26, 2012, http://radar.oreilly.com/2012/06/predictive-data-analytics-big-data-nyc.html.
6. Author interview with Michael Flowers, December 11, 2014.
7. Viktor Schönberger and Kenneth Cukier, “Big data in the Big Apple,” Slate, March 6, 2013, www.slate.com/articles/technology/future_tense/2013/03/big_data_excerpt_how_mike_flowers_revolutionized_new_york_s_building_inspections.html.
8. Flowers interview.
9. FDNY Foundation. “FDNY records first month with zero fire-related deaths in department history,” July 5, 2015, www.fdnyfoundation.org/fdny-records-first-month-with-zero-fire-related-deaths-in-department-history/.
10. City of Boston. “Data portal,” https://data.cityofboston.gov/.
11. City of Boston. “City of Boston app showcase,” www.cityofboston.gov/doit/apps/311.asp, accessed October 27, 2016. Other public data include employee earnings, building permits, and 311 service requests.
12. Laura Adler. “What can Boston restaurant inspectors learn from Yelp reviews?” Digital Communities, May 26, 2015,www.govtech.com/dc/articles/What-Can-Boston-Restaurant-Inspectors-Learn-from-Yelp-Reviews.html.
13. Ibid.

14. Peter Bull, Isaac Slavitt, and Greg Lipstein. "Harnessing the power of the crowd to increase capacity for data science in the social sector," 2016 ICML Workshop on #Data4Good, June 24, 2016, https://arxiv.org/pdf/1606.07781.pdf.
15. Edward L. Glaeser et al. "Crowdsourcing city government: Using tournaments to improve inspection accuracy," NBER working paper no. 22124, March 2016, www.scottkom.com/articles/Glaeser_Hillis_Kominers_Luca_Crowdsourcing_City_Government.pdf.
16. DrivenData. "Keeping it fresh: Predict restaurant inspections," www.drivendata.org/competitions/5/leaderboard/eval/, accessed October 9, 2016.
17. For more on this theme, see James Guszcza. "The last-mile problem: How data science and behavioral science can work together," Deloitte Review 16, Deloitte University Press, January 26, 2015, http://dupress.deloitte.com/dup-us-en/deloitte-review/issue-16/behavioral-economics-predictive-analytics.html.
18. Jack Morse."Yelp now explicitly warning you off restaurants with poor health scores," SFist, November 5, 2015, http://sfist.com/2015/11/05/yelp_now_explicitly_warning_you_off.php; Harvard Kennedy School, "BX2016: 'Behavioral Economics of Online Platforms' breakout," June 7, 2016, YouTube video, 1:06:14, https://youtu.be/t4J7GfriLdo, posted July 26, 2016; Michael Luca, "Reviews, reputation, and revenue: The case of Yelp.com," Harvard Business School working paper 12-016, 2016, www.hbs.edu/faculty/Publication%20Files/12-016_a7e4a5a2-03f9-490d-b093-8f951238dba2.pdf.
19. Harvard Kennedy School. "BX2016: 'The Quantified City' breakout," June 7, 2016, YouTube video, 1:19:32, https://youtu.be/2C56qXKM1XA, posted July 26, 2016.
20. The academic antecedent to Nudge was Cass R. Sunstein and Richard H. Thaler. "Libertarian paternalism is not an oxymoron," University of Chicago Law Review 70, no. 4 (2003), http://faculty.chicagobooth.edu/Richard.Thaler/research/pdf/LIbpatLaw.pdf.
21. Richard H. Thaler.Misbehaving: The Making of Behavioral Economics (New York: W.W. Norton, 2015).
22. John Balz. "Measuring the LSD effect: 36 percent improvement," Nudge, January 11, 2010, http://nudges.org/2010/01/11/measuring-the-lsd-effect-36-percent-improvement/.
23. Philadelphia Research Initiative. "Taxes in Philadelphia," Pew Charitable Trusts, June 28, 2016, www.pewtrusts.org/en/research-and-analysis/collections/2016/06/taxes-in-philadelphia.
24. Michael Chirico et al. "An experimental evaluation of notification strategies to increase property tax compliance: Free riding in the City of Brotherly Love," Tax Policy and the Economy 30, no. 1 (2016), www.slideshare.net/burke49/an-experimental-evaluation-of-strategies-to-increase-property-tax-compliance-freeriding-in-the-city-of-brotherly-love.
25. Ibid.
26. Joy Forehand and Michael Greene. "Nudging New Mexico: Kindling honesty among unemployment claimants," Deloitte Review 18, January 25, 2016, http://dupress.deloitte.com/dup-us-en/deloitte-review/issue-18/behavior-change-among-unemployment-claimants-behavioral-economics.html.
27. Ibid.
28. Comparing April 2014–March 2015 versus April 2015–March 2016 in the US Department of Labor Benefit Accuracy Measurement statistics. During the period, the fraud rate fell from 4.20 to 2.12 percent; the net overpayment rate, or overpayments after recovery excluding work search issues, fell from 5.2 to 1.4 percent; and net overpayments fell from $9.5 million to $2.5 million. See US Department of Labor, www.dol.gov.
29. Jacobs.The Death and Life of Great American Cities.
30. This theme is further developed in James Guszcza, Harvey Lewis, and John Lucker, "IoT's about us: Emerging forms of innovation in the Internet of Things," Deloitte Review 17, July 27, 2015, http://dupress.deloitte.com/dup-us-en/deloitte-review/issue-17/internet-of-things-innovation.html.
31. Todd Wasserman. "4 reasons Google bought Waze," Mashable, June 11, 2013, http://mashable.com/2013/06/11/5-reasons-google-waze/.
32. Derek Prall. "The information superhighway," American City and Country, February 3, 2016, http://americancityandcounty.com/smart-cities/information-superhighway.
33. New Urban Mechanics. "Street Bump," http://newurbanmechanics.org/project/streetbump/, accessed October 9, 2016.
34. Ibid.
35. Michael Hotchkiss. "Which is better: A) interviews or B) surveys? Choose C)," News at Princeton, August 6, 2015, www.princeton.edu/main/news/archive/S43/80/96C47/index.xml.
36. Matthew Salganik. "3.5.2. Wiki surveys," Bit by Bit: Social Research in the Digital Age, www.bitbybitbook.com/en/asking-questions/how/wiki/, accessed October 9, 2016.

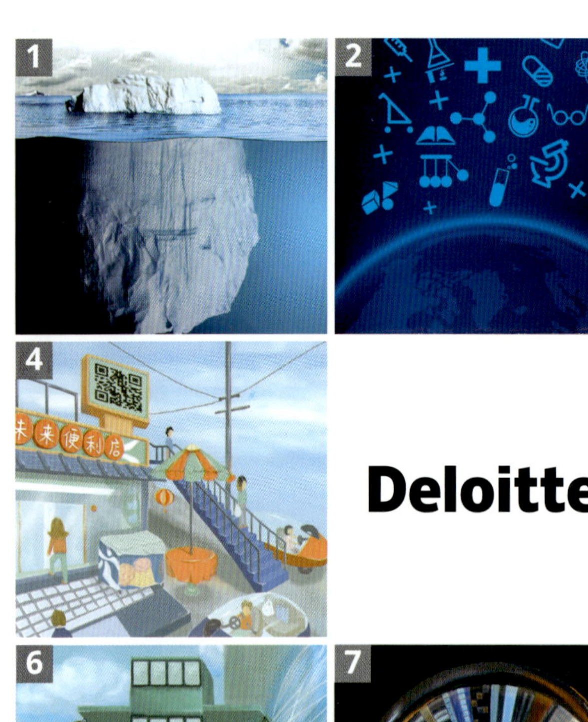

Deloitte.

1/2 许思涛 | 德勤中国首席经济学家 合伙人 | sxu@deloitte.com.cn

3 何马克博士 | 德勤中国汽车行业领导合伙人 | mhecker@deloitte.com.cn

4 张天兵 | 德勤中国消费品及零售行业领导合伙人 | tbzhang@deloitte.com.cn

5 Christopher Roberge | 德勤中国石油与天然气行业领导合伙人 | chrisroberge@deloitte.com.hk

6 周锦昌 | 德勤中国科技、传媒和电信行业领导人 | wilchou@deloitte.com.cn

7 马炯琳 | 德勤中国政府及公共事务行业主管合伙人 | clarma@deloitte.com.cn

8 Jon Warshawsky | Deloitte Review 主编 | jwarshawsky@deloitte.com

如希望了解更多报告和相关信息，请登录德勤中国官方网站 www.deloitte.com.cn

Should you wish to learn more about the report and relevant information, please log on www.deloitte.com.cn

《德勤新视界》读者调查问卷

1. 本辑所有栏目中，您最感兴趣的栏目是哪一个？					
请您按照以下标准打分：	5（非常好）	4（较好）	3（说不准）	2（较差）	1（非常差）
资本市场	☐	☐	☐	☐	☐
对话	☐	☐	☐	☐	☐
行业趋势	☐	☐	☐	☐	☐
封面故事	☐	☐	☐	☐	☐
管理智慧	☐	☐	☐	☐	☐

2. 本辑所有文章中，对您最有启发和帮助的是哪一篇？					
请您按照以下标准打分：	5（很有帮助）	4（有些帮助）	3（说不准）	2（没什么帮助）	1（没有帮助）
放下诸多宏观目标去杠杆	☐	☐	☐	☐	☐
创新引领未来 ——对话赛默飞	☐	☐	☐	☐	☐
中国共享出行的未来	☐	☐	☐	☐	☐
便利店的下一站	☐	☐	☐	☐	☐
油气体制改革破冰	☐	☐	☐	☐	☐
平台经济新治理	☐	☐	☐	☐	☐
智慧城市进阶 ——更聪明的人和治理	☐	☐	☐	☐	☐
让城市更智慧 ——如何利用市民的集体智慧做出最佳决策	☐	☐	☐	☐	☐

3. 您从哪一个渠道获得 / 关注到本书 / 本书中某篇文章

☐ 德勤员工向您赠阅　☐ 企业管理人员向您推荐　☐ 公开商务场合
☐ 论坛 / 峰会 / 交易会现场陈列　☐ 德勤中国官方网站　☐ 其他媒体转载

4. 除了本辑所关注的行业之外，您目前特别关注的行业是：________________

5. 除了本辑所讨论的话题之外，您目前特别关注的话题是：________________

6. 您今后是否想继续收到德勤中国编辑的《德勤新视界》（☐ 是　☐ 否）

您填写完成调查问卷后，可以发送传真或电子邮件到以下联系方式：
FAX: +86 21 6335 0003 《德勤新视界》编辑组 收　　Email: cndr@deloitte.com.cn
谢谢您的阅读与合作！

德勤中国办公室及联系方式

北京
中国北京市东长安街 1 号
东方广场东方经贸城西二办公楼8层（邮政编码：100738）
电话：+86 10 8520 7788
传真：+86 10 8518 1218

长沙
中国长沙市开福区芙蓉北路一段 109 号
华创国际广场 3 号栋 20 楼（邮政编码：410008）
电话：+86 731 8522 8790
传真：+86 731 8522 8230

成都
中国成都市人民南路二段 1 号
仁恒置地广场写字楼 34 层 3406 单元（邮政编码：610016）
电话：+86 28 6789 8188
传真：+86 28 6500 5161

重庆
中国重庆市渝中区瑞天路 10 号
企业天地 8 号德勤大楼 36 层（邮政编码：400043）
电话：+86 23 8823 1888
传真：+86 23 8859 9188

大连
中国大连市中山路 147 号
森茂大厦 1503 室（邮政编码：116011）
电话：+86 411 8371 2888
传真：+86 411 8360 3297

广州
中国广州市珠江东路 28 号
越秀金融大厦 26 楼（邮政编码：510623）
电话：+86 20 8396 9228
传真：+86 20 3888 0575

杭州
中国杭州市上城区飞云江路 9 号
赞成中心东楼 1206-1210 室（邮政编码：310008）
电话：+86 571 8972 7688
传真：+86 571 8779 7915 / 8779 7916

哈尔滨
中国哈尔滨市南岗区长江路 368 号
开发区管理大厦 1618 室（邮政编码：150090）
电话：+86 451 8586 0060
传真：+86 451 8586 0056

合肥
中国安徽省合肥市
政务文化新区潜山路 190 号
华邦 ICC 写字楼 A 座 1201 单元（邮政编码：230601）
电话：+86 551 6585 5927
传真：+86 551 6585 5687

香港
香港金钟道 88 号
太古广场一期 35 楼
电话：+852 2852 1600
传真：+852 2541 1911

济南
济南市市中区二环南路 6636 号
中海广场28层2802、2803、2804单元（邮政编码：250000）
电话：+86 531 8973 5800
传真：+86 531 8973 5811

澳门
澳门殷皇子大马路 43-53A 号
澳门广场 19 楼 H-N 座
电话：+853 2871 2998
传真：+853 2871 3033

蒙古
15/F, ICC Tower, Jamiyan-Gun Street
1st Khoroo, Sukhbaatar District,
14240-0025 Ulaanbaatar, Mongolia
电话：+976 7010 0450
传真：+976 7013 0450

南京
中国南京市汉中路 2 号
亚太商务楼 6 楼
邮政编码：210005
电话：+86 25 5790 8880
传真：+86 25 8691 8776

上海
中国上海市延安东路 222 号
外滩中心 30 楼（邮政编码：200002）
电话：+86 21 6141 8888
传真：+86 21 6335 0003

沈阳
中国沈阳市沈河区青年大街 1-1 号
沈阳市府恒隆广场办公楼 1 座
3605-3606 单元（邮政编码：110063）
电话：+86 24 6785 4068
传真：+86 24 6785 4067

深圳
中国深圳市深南东路 5001 号
华润大厦 13 楼（邮政编码：518010）
电话：+86 755 8246 3255
传真：+86 755 8246 3186

苏州
中国苏州市工业园区苏惠路 88 号
环球财富广场 1 幢 23 楼（邮政编码：215021）
电话：+86 512 6289 1238
传真：+86 512 6762 3338 / 6762 3318

天津
中国天津市和平区南京路 183 号
世纪都会商厦办公楼 45 层（邮政编码：300051）
电话：+86 22 2320 6688
传真：+86 22 8312 6099

武汉
中国武汉市江汉区建设大道 568 号
新世界国贸大厦 I 座 49 楼 01 室（邮政编码：430000）
电话：+86 27 8526 6618
传真：+86 27 8526 7032

厦门
中国厦门市思明区鹭江道 8 号
国际银行大厦 26 楼 E 单元（邮政编码：361001）
电话：+86 592 2107 298
传真：+86 592 2107 259